重庆工商大学学术专著出版基金资助

Research on Accrual Anomaly in China's Capital Market

中国资本市场应计异象研究

杨开元 ◎ 著

中国财经出版传媒集团
经济科学出版社
Economic Science Press

图书在版编目（CIP）数据

中国资本市场应计异象研究/杨开元著．—北京：
经济科学出版社，2018.1
ISBN 978－7－5218－0250－4

Ⅰ．①中…　Ⅱ．①杨…　Ⅲ．①资本市场－研究－中国
Ⅳ．①F832.5

中国版本图书馆CIP数据核字（2019）第027472号

责任编辑：谭志军　李　军
责任印制：王世伟

中国资本市场应计异象研究
杨开元　著
经济科学出版社出版、发行　新华书店经销
社址：北京市海淀区阜成路甲28号　邮编：100142
总编部电话：010－88191217　发行部电话：010－88191522
网址：www.esp.com.cn
电子邮箱：esp@esp.com.cn
天猫网店：经济科学出版社旗舰店
网址：http://jjkxcbs.tmall.com
固安华明印业有限公司印装
710×1000　16开　10.25印张　120000字
2019年4月第1版　2019年4月第1次印刷
ISBN 978－7－5218－0250－4　定价：48.00元
（图书出现印装问题，本社负责调换。电话：010－88191510）
（版权所有　侵权必究　打击盗版　举报热线：010－88191661
QQ：2242791300　营销中心电话：010－88191537
电子邮箱：dbts@esp.com.cn）

前言 /PREFACE

资本市场会计实证研究是建立在有效市场假说、资本资产定价模型以及行为金融理论基础之上的，经过多年的发展，已成为会计实证研究中一个非常重要的领域。鲍尔和布朗（Ball & Brown，1968）首次用实证研究的方法对盈余变动与股票异常回报展开系统的研究，为资本市场与会计信息的研究奠定了基础。之后，众多的研究指出，资本市场中的投资者是根据各种信息对股票等证券进行定价的，其中，会计信息是最基本也是最重要的信息来源，尤其是盈余信息的编报又是以应计制会计制度为基础的，因此应计信息会对投资者的定价行为产生非常重要的影响。如果投资者不能准确判断会计信息的特征，则会导致其对股票错误定价，进而导致资本市场无效。鉴于有效资本市场假说（efficient market hypothesis）的重要地位，学术研究中将违背有效资本市场假说的现象称为资本市场的“异象”，如果资本市场的无效是由于市场对应计信息的错误定价造成的，则称为资本市场的“应计异象”。

斯隆（Sloan，1996）首次发现了“应计异象”的存在，即资本市场对会计信息中的应计信息错误定价，这引起了学术界及实务界的广泛争论。从应计异象发现至今的 22 年间，应计异象一直存在于资本市场，学术界对应计异象的研究也从未停止。首先，当前学术界对应计异象的研究主要围绕应计异象的成因展开，这些研究均基于一个假设前提，即研究中所采用的定价模型是正确的，进而根据假定正确的定价模型求得的所谓的异常回报是真实的。因此，对应计异象的研究需要排除定价模型中是否存在一个与应计有关的风险因子。其次，一方面由于套利机制的作用，通过应计进行套利的空间会随着时间的推移逐渐减少；另一方面根据学习效应假说，资本市场中的投资者会不断根据新产生的信息对投资决策做出修正，市场对应计的错误定价也会逐渐降低。由于以上两个方面的原因，应计异象会最终消失。因此，对应计异象的研究还需面对应计异象是否能持续存在的问题，即"应计异象"的市场表现如何。

根据以上分析，一个对"应计异象"比较深入的研究，应围绕如下三个问题逐步展开：一是应计异象究竟是否存在；二是如果应计异象被证实存在，那么是什么原因导致了应计异象的产生；三是应计异象持续存在的市场表现如何，原因又是什么。本书按照以上逻辑展开研究，共分为7章，各章节的结构安排如下：

第1章为绪论。主要交代了全书的研究背景、思路、方法和创新点等。

第2章为理论基础。介绍了应计异象研究的理论基础，包括有效市场假说、资产定价模型和行为金融理论。

第3章为文献述评。主要对应计异象的国内研究按照存在性、存在原因以及持续存在原因三个方面进行了综述。

第4章为基于应计风险角度的应计异象存在性解释。本章对应计异象的存在性进行检验，即检验应计异象到底是由于研究中模型误设而造成的一种研究假象，还是由于投资者错误定价而形成的一种市场套利机会。

第5章为基于应计特征角度的应计异象产生客观原因分析。主观上而言，应计异象的存在是由投资者错误的个人定价行为造成的，但从客观上或者本质上分析，则是由会计应计信息的特征引起的，即投资者对应计等盈余信息特征未能正确把握，进而对盈余及其组成部分的持续性做出了错误判断，由此导致错误的定价行为。

第 6 章为微观使用者感知、宏观市场状态与应计异象。从行为金融学的角度对应计异象的市场表现进行检验。本章首先通过对不同感知投资者所关注的股票的应计盈余持续性及应计异象程度进行检验，然后对不同市场状态下，股票的应计盈余持续性及市场上的应计异象程度进行分析，最后对不同市场状态、不同感知投资者的定价行为进行了检验。

第 7 章为研究结论。本章得出最终的研究结论，并提出本书的研究启示。

本书使用我国 A 股市场 1998 ~ 2013 年的上市公司数据，对我国资本市场的“应计异象”进行了较为深入的研究，研究以实证研究方法为主，按照应计异象的存在性、产生的客观原因、市场持续表现的逻辑展开，主要得出如下结论：

（1）虽然模拟应计因子能较好地解释市场对应计的错误定价，但研究的结果表明，这主要是由于其与应计特征的高度相关引起的，即应计异象并不是在定价模型中遗漏了与应计相关的风险因子而形成的一种伪命题，而是由投资者对应计信息错误定价而产生的一种资本市场“异象”。

（2）进一步将应计划分为先收付应计与后收付应计后的研究发现，对于具有更大估计误差以及持续性更不稳定的后收付应计而言，在异常回报上能产生 16.2% 的套利空间，远大于基于应计的 9.2% 的套利空间，说明应计异象产生的客观原因是应计信息持续性的不稳定以及估计误差的难以衡量。

（3）信息使用者的应计信息感知对“应计异象”的市场表现产生显著影响，“应计异象”主要发生在拥有低感知的使用者中，基于不同市场状态下的检验结果进一步支持了这一结论。

杨开元

2019 年 1 月

目录 /CONTENTS

第1章 绪　　论

1.1 研究背景

财务会计是立足主体（主要是企业）、面向市场（主要是资本市场），向市场提供（通过表内确认和表外披露）一个企业整体的、以财务信息为主的经济信息系统（葛家澍等，2013）。在资本市场中，财务会计信息是投资者对股票等证券进行定价的最基本，也是最重要的信息来源，有关会计信息与资本市场的研究也已发展成为会计、金融研究的一个重要领域。这方面的研究主要以有效市场假说和资本资产定价模型为理论基石，讨论会计信息在资本市场上的作用。通过将公司财务会计信息与资本市场有机地结合起来进行研究，不仅可以丰富资本市场理论本身，也对资本市场的实践提供了理论借鉴与参考。关于这方面的研究，鲍尔和布朗于1968年首次提供了经验证据。他们使用美国股市1957～1965年的数据，以财务报表披露日前12个月及之后6个月为观测期，发现股价变化的方向与未预期盈余变动的方向显著正相关，未预期盈余为正的公司股票价格会上升，未预期盈余为负的公司股票价格会下降；他们还观察到在财务报表披露日前有信息提前反映和财务报表披露日后盈余反映不足的漂移现象。比弗等（Beaver et al.，1979）进一步扩展了上述研究，他们使用美国股市1965～1974年276家公司的数据，按年度未预期会计盈余比率大小分成25个组合来度量股价变化的大小，结果发现盈余变动幅度和股票收益变化幅度在各组间产生不同程度的关联，尤其是最高组和最低组有反映钝化的情形，经检验发现股票收益与未预期会计盈余有着显著的序列相关性。这些研究表明，股价能反映公司的盈余信息，投资者能够根据公司未预期盈余对股票价格进行调整，公司披露的会计盈余信息在股票定价中起了重要的作用，而且对变量加以分组，能获得更精确的实证结论。

自鲍尔和布朗（1968）及比弗等（1979）的研究之后，关于会计信息含量的研究大量涌现，并逐步发展成为资本市场会计研究的一个重要分支。这些研究虽然运用的方法不同，但研究的结果均表明资本市场能够（或在一定程度上能够）对会计信息做出正确反应，会计信息对于股票定价具有信息含量。然而，20世纪80年代以来，学者们发现了一些股票收益的可预测现象，一般将其称作市场异象，这些研究结果对会计信息的价值含量及资本市场的效率提出了挑战。斯隆（1996）首次从持续性的角度以会计盈余信息为基础进行了投资策略研究。通过将会计盈余划分为会计应计和现金流两个部分发现，会计应计对未来盈余的预测能力低于现金流对未来盈余的预测能力，即会计应计的持续性较现金流低，但市场并不能区分二者持续性的差异，存在高估会计应计的持续性而低估了现金流持续性的现象。也就是说，对于会计盈余中会计应计高（现金流相对较低）的企业，市场会高估其未来的盈余乃至企业的价值，而对于会计盈余中会计应计低（现金流相对较高）的企业，市场会低估其未来的盈余以及企业的价值。因此，买空最低会计应计组的股票并卖空最高会计应计企业组的股票在未来可以获得超额回报，这一现象（会计应计与未来股票收益负相关，且利用会计应计信息构造股票投资组合可以获取超额回报）被后续研究者称为应计异象（accrual anomaly）。斯隆（1996）的此番研究具有重要的影响，之后的大量研究均延续他的思路，从探究会计应计低持续性原因的视角，对应计异象的成因做出分析，如谢（Xie，2001）和理查森等（Richardson et al.，2005），等等。

在过去的20多年间，中国资本市场从无到有、从小到大、从区域到全国，得到了迅速的发展，在很多方面走过了一些成熟市场几十年甚至是上百年的道路。中国证券市场的迅速发展不仅为众多的企业提供了宝贵的权益融资机会，也为有关会计应计信息与资本市场的实证研究，尤其是资本市场应计异象的实证研究，提供了一片肥沃的土壤。但我国资本市场应计异象的研究主要集中在对应计异象产生原因的解释上，李远鹏和牛建军（2007）以我国A股1998～2002年的上市公司为研究对象，用混合样本回归检验的方法，提出了我国特殊的退市制度是中国资本市场应计异象产生的主要原因，但其在对全样本（亏损样本和非亏损样本）回报的套利检验中仍发现存在至少3.2%的超额回报的套利空间；宋云玲和李志文（2009）以我国A股1998～2005年的上市公司为研究对象，用法玛和麦克贝思（Fama & MacBeth，1973）年度回归的方法，发现股价同步性会影响我国资本市场应计异象产生的程度，同时也证实在我国资本市场存在应计异象的观点；樊行健等（2009）以我国A股1999～2005年的上市公司为研究对象，指出成长性是导致我国A股应计异象的主要原因；刘斌和杨开元（2011）以我国A股2006～2009年的上市公司为研究对象，用理查森等（2005）的方法，提出了估计误差及持续性的不确定性是导致我国资本市场应计异象产生的原因。

根据以上的研究文献，我们可以发现：一方面，对应计异象研究的本质是对资本市场效率的研究。按照法玛和弗伦奇（Fama & French）为代表的学者的普遍观点，对资本市场效率的检验，不可避免地存在联合检验的问题，用一个错误的定价模型对投资者定价正确与否进行检验，应计异象可能只是学术界用一个错误的定价模型得到的一个“伪命题”；另一方面，资本市场的投资者是逐利的，从斯隆（1996）第一次发现应计异象至今已有20多年时间，逐利的投资者有充分的时间和理由利用应计异象进行套利活动，直至应计异象消失。因此，对应计异象的研究还必须对应计异象为什么会持续存在进行回答。根据以上两个方面的分析，本书从检验应计异象是否是学术界用一个错误的定价模型得到的一个错误的结论、分析应计异象产生的客观原因、考察其在中国资本市场的表现以及持续存在的原因等方面，对应计异象进行系统研究。首先，本研究对应计异象的存在性进行检验，即检验应计异象到底是由于研究中模型误设而造成的一种研究假象，还是由于投资者错误定价而形成的一种市场套利机会。其次，本研究对应计异象产生的根本原因进行分析，如果应计异象被证明是存在的，那么从主观上而言，是由投资者的错误的个人定价行为造成的；但从客观上或者本质上来讲，应计异象则是由会计应计信息的特征引起的。如果投资者对应计等盈余信息特征未能正确把握，那么投资者对盈余及其组成部分的持续性便会做出错误判断，进而影响下一步的定价行为。最后，在前面两个方面研究的基础上，本书从行为金融理论出发，对应计异象的市场表现进行检验。具体内容分为三个方面：一是对不同感知投资者关注的股票的盈余持续性及应计异象程度进行检验；二是对不同市场状态下，股票的盈余持续性及市场上的应计异象程度进行分析；三是对不同市场状态、不同感知投资者的定价行为进行检验。

1.2 研究思路与方法

1.2.1 研究思路

之前学术界对“应计异象”的研究主要围绕以下三个方面展

开：一是应计异象究竟是否存在；二是如果应计异象被证实存在，那么是什么原因导致了应计异象的产生；三是资本市场中存在应计异象意味着市场中存在套利空间，聪明的投资者可以通过应计信息构建投资组合进行交易并获得超额回报，既然如此，经过一段时间的套利行为，应计异象应被市场套利消除掉，但研究却发现应计异象是持续存在的，那么应计异象持续存在的原因值得深入探讨。针对第一个问题，现有研究可分为两个方面：一是应计异象是在个别资本市场存在，还是存在于所有资本市场中；二是应计异象究竟是学术研究中对预期价格的错误预测引起的一种假象，还是真的存在于现实世界。对于第二个问题的研究，重点在于对应计特征的正确认识以及对市场如何分辨、利用应计的这些特征进行定价的行为进行分析。对于第三个问题，主要从两个方面进行解释：一是套利风险和套利成本（包括交易成本及信息成本等）；二是投资者的有限注意力。

根据以上的逻辑分析，本书的研究将按照如下的思路展开：首先，对应计异象的存在性进行检验，即检验应计异象到底是由于研究中模型误设而造成的一种研究假象，还是由于投资者错误定价而形成的一种市场套利机会；其次，在回答了第一个问题后，接下来对应计异象产生的客观原因进行分析，如果应计异象真的存在，主观上而言，则是由投资者的错误的个人定价行为造成的，但是从客观上分析则是由会计应计信息的特征引起的，也就是说投资者对应计等盈余信息特征未能正确把握，进而对盈余及其组成部分的持续性做出了错误判断，导致错误的定价行为；最后，在前两个方面的研究基础上，本书从行为金融学的角度对应计异象的影响因素进行检验。在这一部分中先对不同感知投资者关注的股票的盈余持续性及应计异象程度进行检验，然后在不同市场状态下，对股票的盈余持续性及市场上的应计异象程度进行分析，最终对不同市场状态、不同感知投资者的定价行为进行了检验。

1.2.2 研究方法

研究方法是实现研究目的的基本手段，其适用性直接关系甚至决定了研究目的的实现程度。规范研究和实证研究是当前财务学和会计学研究的两种基本方法。规范研究是指利用归纳演绎方法对理论进行分析的方法，它所强调的是事物应该如何运行，而不关心如何运行的问题，也就是试图判定事物“应当是什么，应当不是什么”。20 世纪 70 年代以前规范会计研究方法占主导地位。在这一阶段，为探求会计科学真谛，西方会计学家运用规范研究方法形成了一系列描述性理论和指导性观点。70 年代以后实证研究方法出现并逐渐占据主导地位。会计领域的实证研究强调“可证实性”，它试图判定“是什么，不是什么”。实证研究更加注重利用数学工具，提倡研究的定量化、精确化。实证方法的应用，拓宽了会计研究的领域，并将会计研究的领域扩展到资本市场研究（如会计信息与资本市场的关系；会计政策选择）和行为研究等领域，从而丰富了会计理论的内容。目前，实证研究几乎已经渗透到财务会计、管理会计和审计等会计研究领域的所有方面。

本书以实证研究方法为主、规范研究方法适当补充，利用我国资本市场 1998 ~ 2012 年的上市公司数据，采用实证方法检验了资本市场中的“应计异象”现象，里面涉及的研究样本数据如表 1 - 1 所示。本书的这一研究主题，决定了实证研究方法的主角地位。

表 1-1　观测值数（1998~2012 年，不包括金融、创业板、B 股）　单位：个

样本类别		全部样本数量		数据完整样本数量			有效样本数量		
		总计	数据不全	总计	负净资产	大幅调整数据	总计	亏损	亏损率（%）
时间	月	248693	24815	223778	3379	22721	198273	22770	11.5
	年	25038	6214	18824	310	1892	16632	1879	
1998	月	9981	1398	8483	0	—	8483	1024	12.1
	年	1130	421	709	0	—	709	86	
1999	月	11029	2511	8518	36	1270	7224	696	9.6
	年	1200	490	710	3	106	602	58	
2000	月	12437	2652	9785	115	3943	5758	611	10.6
	年	1265	449	816	10	329	480	51	
2001	月	13578	1083	12495	108	2071	10316	1389	13.5
	年	1363	317	1046	12	173	861	116	
2002	月	14153	913	13240	113	1202	11943	1720	14.4
	年	1376	265	1111	12	101	1000	144	
2003	月	14923	983	13940	173	1115	12664	1617	12.3
	年	1460	292	1168	16	52	1101	135	

续表

样本类别		全部样本数量		数据完整样本数量			有效样本数量		
		总计	数据不全	总计	负净资产	大幅调整数据	总计	亏损	亏损率（%）
2004	月	16023	1392	14631	233	1086	13336	1895	12. 8
	年	1573	347	1226	20	93	1060	136	
2005	月	16112	474	15638	292	818	14579	2547	18. 9
	年	1620	298	1322	26	70	1231	233	
2006	月	16169	1483	14686	355	5578	8934	1087	12. 5
	年	1714	461	1253	34	481	758	95	
2007	月	17218	1990	15228	291	1511	13453	994	7. 9
	年	1925	619	1306	27	134	1148	91	
2008	月	18689	2340	16349	230	1361	14829	2296	15. 5
	年	2043	672	1371	20	115	1242	193	
2009	月	19409	1278	18131	373	809	16997	1946	11. 7
	年	2097	578	1519	33	69	1423	167	
2010	月	21440	2754	18686	425	936	17398	1099	3. 2
	年	2094	521	1573	40	80	1461	47	

续表

样本类别		全部样本数量		数据完整样本数量			有效样本数量		
		总计	数据不全	总计	负净资产	大幅调整数据	总计	亏损	亏损率（%）
2011	月	23185	2076	21109	372	1021	19763	1445	7.5
	年	2092	315	1777	33	89	1660	124	
2012	月	24347	1488	22859	263	—	22596	2404	10.7
	年	2086	169	1917	24	—	1896	203	

资料来源：SMAR 数据库。

1.3 本书特色与创新

本研究在学术上的特色和创新主要表现在以下几个方面：

（1）从定价模型是否误设的角度对我国资本市场应计异象的存在性进行实证研究，结论否定了定价模型中存在与应计有关的风险因子的观点，为其他关于资本市场应计异象的研究，尤其是资本市场应计异象产生原因的研究提供了支持，使之可避开“用了一个错误的定价模型对应计异象进行研究”的争论。

之前学术界对应计异象的研究主要围绕应计异象的成因展开，这些研究均假定一个前提成立，即研究中所采用的定价模型是正确的，基于假定正确的定价模型求得的所谓的异常回报是真实的。从本质上来讲，对应计异象的研究是对资本市场效率的检验，但是按照法玛和弗伦奇为代表的学者们的普遍观点，对资本市场效率的检验，不可避免地存在联合检验的问题（用了一个错误的定价模型对投资者定价的正确与否进行检验），应计异象可能只是学术研究中用一个错误的定价模型得到的一个“伪命题”。由于我国资本市场发展时间较短、法律制度环境都在不断完善的过程中，应计异象的存在性更容易被学者们接受。因此，国内学者对应计异象的研究并未重视应计异象的存在性问题，而是基本上都集中在对应计异象产生原因的探讨上（如樊行健等，2009；李远鹏和牛建军，2007；宋云玲和李志文，2009）。然而，根据以上学者的研究结果对我国资本市场中应计异象产生的原因进行解释，必须首先拒绝模型误设的前提假设。所以，要想合理确定我国资本市场中应计异象是否真的存在，只有对应计异象研究中的风险观和错误定价观进行综合检验，本书对此进行了实证分析。

（2）目前关于应计异象产生原因的研究是主要从应计以外的因素展开的，即着重从制度环境、投资者行为等方面对其进行解释。本书另辟蹊径，从应计本身特征的角度对应计异象的产生原因进行研究，即追本溯源地探寻应计异象产生的客观原因。

具体而言，本书对应计按照一定的特征进行深入分解，有助于加深对应计本质特征的认识，进而发现应计异象的客观成因。首先根据权责确认与现金收付的异期，将应计分解分为先收付应计（FRA）与后收付应计（LRA），再根据收付实现、收入费用确认、商品（服务）确认（实现）的会计期间的不同，对 FRA 与 LRA 进行进一步分解得出 FRA 与 LRA 的特征，最后对 LRA 与 FRA 的盈余持续性以及应计异象的程度进行检验，对应计异象产生的客观原因进行解释。

（3）从应计异象的发现至今已有 22 年，按道理其应该在发现一段时间后因为市场的套利行为而消失，但研究发现应计异象并未从资本市场消失，因此笔者从使用者感知的角度对我国资本市场 2003 ~

2012 年的应计异象的市场表现进行了研究，为应计异象持续存在的原因解释提供了新的理论分析和经验证据。

从理论上来讲，一方面由于套利机制的作用，通过应计进行套利的空间会随着时间的推移逐渐减少；另一方面根据学习效应假说，资本市场中的投资者会不断根据新产生的信息对投资决策做出修正，市场对应计的错误定价会逐渐降低，以上两方面终将导致应计异象的消失。有关投资者有限注意理论及国内外对机构投资者的研究表明（柯林斯（Collins，2003）），机构投资者比普通投资者具有更强的信息感知。为此，书中使用基金持股比例作为投资者感知的代理变量，根据该指标年度平均值的高低将投资者划分为高、低两组，之后按照斯隆（1996）以及理查森等（2005）的方法对高低两组感知者样本的盈余持续性及市场定价进行检验。具体包括以下三个方面：一是对不同感知投资者关注的股票的盈余持续性及应计异象程度进行检验；二是对不同市场状态下，股票的盈余持续性及市场上的应计异象程度进行分析；三是对不同市场状态、不同感知投资者的定价行为进行了检验。

（4）与之前对应计异象的研究相比较，本书按照应计异象的存在性、原因以及市场表现的逻辑展开研究，有助于提高资本市场应计信息使用者对应计异象认识的系统性。

一个对“应计异象”比较深入的认识、研究，应按照以下逻辑逐步展开：其一应计异象究竟是否存在；其二如果存在，那么产生的原因是什么；其三既然存在便意味着存在套利机会，那么市场的长期表现如何。按照这一研究逻辑，本书先从风险观的角度对应计异象的存在性进行了检验，然后进一步从应计特征的角度对应计异象产生的客观原因进行了分析，最后从使用者感知的角度对应计异象的市场表现进行了检验。

第2章 理论基础

第1章对本书的研究背景和思路做了介绍，本章将对应计异象研究涉及的理论基础进行简要阐述。首先，对资本市场应计异象的研究，实际上是探讨资本市场中的参与者在对会计应计信息感知的基础上进行的定价决策，因此，它以资本资产定价模型（capital assets pricing model，CAPM）为理论基础。其次，对资本市场应计异象的研究回答的是有关资本市场效率的问题。法玛于20世纪70年代在前人研究的基础上提出有效资本市场假说（efficient markets hypothesis，EMH），并因此获得2013年诺贝尔经济学奖。鉴于有效资本市场假说的重要地位，学术研究中将违背有效资本市场假说的现象称为资本市场中的“异象”，因此，对资本市场应计异象的研究也以有效资本市场假说为理论基础。最后，对于应计信息在投资者定价决策中的作用受使用者感知程度的影响，需要结合心理学尤其是行为科学进行解释，而行为金融理论（behavioral finance，BF）正是将心理学尤其是行为科学的理论融入金融学之中形成的，因此，对资本市场应计异象的研究还以行为金融理论为理论基础。鉴于此，本书独辟一章对会计应计制、有效市场假说、资本资产定价模型以及行为金融理论进行阐述，为后面有关应计信息特征、有悖于有效市场假说的异象、资产定价以及应计信息使用者感知的论述奠定基础。

2.1 会计应计制

会计应计制，又称权责发生制，属于会计要素确认计量方面的要求，它主要解决收入和费用何时予以确认及确认多少的问题。具体来讲，会计应计制是以权利和责任的发生来决定收入和费用归属期的一项原则，强调凡是在本期内已经收到和已经发生或应当负担的一切费用，不论其款项是否收到或付出，都作为本期的收入和费用处理；反之，凡不属于本期的收入和费用，即使款项在本期收到或付出，也不应作为本期的收入和费用处理。在各会计主体从事的经济活动中，经济业务的发生和货币的收支不是完全一致的，即存在着现金流动与经济活动的分离，由此产生了两个确认和记录会计要素的标准：一个标准是根据货币收支是否来作为收入确认和费用确认和记录的依据，称为收付实现制；另一个标准是以取得收款权利付款责任作为记录收入或费用的依据，称为权责发生制。我国《企业会计准则》明确规定："会计核算应当以权责发生制为基础"。

依据持续经营和会计分期两个基本前提，应计制可以正确划分不同会计期间的资产、负债、收入、费用等会计要素的归属，并运用一些诸如应收、应付、预提、待摊等项目来记录由此形成的资产和负债等会计要素。由于企业经营活动是多次发生的，其损益的记录也要分期进行，每期的损益计算理应反映所有属于本期真实的经营业绩。收付实现制显然不能完全做到这一点，因此，权责发生制能更加准确地反映特定会计期间实际的财务状况和经营业绩。应计制在反映企业的经营业绩时有其合理性，并几乎完全取代了收付实现制，但在反映企业的财务状况时却有其局限性：一个在损益表上看来经营很好、效率很高的企业，在资产负债表上却可能因为没有相应的变现资金而陷入财务困境。这是由于权责发生制把应计的收入和费用都反映在损益表上，而其在资产负债表上则部分反映为现金收支，部分反映为债权债务。为应对这一情况，应编制以收付实现制为基础的现金流量表或财务状况变动表，以弥补权责发生制的不足。

2.2 有效市场假说

2.2.1 有效市场假说的条件假定

法玛于20世纪70年代在前人研究的基础上提出了有效市场假说，它探寻了资本市场中价格波动的规律，揭示了证券价格和信息之间的密切关系。根据这一理论提高证券市场的有效性，最关键的一个问题就是建立上市公司强制性信息披露制度，这为之后围绕信息披露问题展开的讨论提供了一个理论平台。在这一理论出现之后，各种关于信息披露制度的观点，无论其依据的理论基础是法学、经济学还是社会学，都要以围绕有效市场假说所建立的理论架构和所提出的假设命题展开争论。

有效市场假说认为资本市场有效的充分条件为：①证券交易无交易成本；②所有市场交易者可以无成本地获取所有可获得的信息；③所有市场交易参与者对每一证券的现行价格信息的含义和未来价格的分布拥有相同的看法，在这样的市场中很明显证券现行价格将充分反映所有可获得信息，市场也就是有效的。然而，即使是法玛本人也意识到了现实世界不可能是一个无摩擦的世界，投资者也很难在信息含义上达成一致。为此，他指出，上述条件只是资本市场有效的充分条件而非必要条件。比如，只要交易参与者充分考虑了所有可获得的信息，尽管巨大的交易成本阻碍了交易的发生，但这本身并不意味着当发生交易时价格没有充分反映所有可获得信息。再如，投资者之间对于信息含义的分歧本身并不意味着市场无效，除非有投资者可以持续地获取超过隐含在市场价格中的信息价值的超额收益。如果说存在交易成本、信息获取成本以及投资者之间认识的不一致性只是市场无效的潜在源泉，那么衡量并检验现实世界中上述情况对证券价格形成过程的影响就是经验研究的中心任务。

2.2.2　有效市场假说的理论基础

有效市场假说是建立在以下三个逐渐放松的理论假设之上的：第一，投资者被认为是理性的，他们在决策时以效用最大化为目标，对已知信息按照贝叶斯法则进行加工处理，从而对市场做出无偏估计，所以他们能对证券做出合理的估价；第二，虽然在某种程度上一些投资者是非理性的，但由于他们之间的证券交易是随机进行的，因此其非理性会相互抵消，证券的价格并不会受到影响；第三，在某些情况下，非理性的投资者会犯同样的错误，但是他们会在市场中受到理性投资者的套利行为的影响，而后者会消除前者对价格的影响。如此周全而强有力的假设使人们对有效市场理论印象至深。

从有效市场的理论基础可以看出，尽管三个假定对于理性人的要求依次放松，但是理性人假设是市场有效的核心前提。首先，在由完全理性的投资者组成的市场中，投资者能确定出每种证券的基本价值。当投资者知道各种证券的基本价值后，他们会对影响证券的各种信息快速做出反应：当有利好消息时，他们会抬高价格，而遇到利空消息时又会压低价格，这样，信息变化会在证券价格上及时得到反应，市场当然是有效的。其次，第二个假定认为："某些非理性投资者的非理性会相互抵消，所以证券的价格并不会受到影响"，在这里只是指某些投资是非理性，并非所有投资者都是非理性的，非理性投资者的随机交易相互抵消后，最终价格还是由理性交易者决定，因此说"证券的价格不会受到影响"，如果所有的投资者都是非理性的，则最终的结果是无法确定的。最后，第三个假定指出："在某些情况下，非理性的投资者犯同样的错误，但是他们会在市场中受到理性的套利行为的影响"，在这一假定中，市场中仍然基于理性的套性行为才有效的。有效市场假说中的理性人秉承了经济学中理性人的内涵，经济学中"理性人"的基本含义是"人的自利性"和"极大化原则"。在实现这一目标时决策者被定义为具有超级计算能力和无限知识的人，决策者知道每一种选择所带来的结果及其概率分布，并能根据贝叶斯法则进行精确计算。在新古典经济学中，理性行为的约束条件只有"收入"和"资本"，信息被假定为"完全的"，也没有交易成本，从而经济活动不存在任何风险和不确定性，这些假说实际上使经济人的理性成为完美理性。在证券市场中，理性的投资者可以对已知信息按照贝叶斯法则进行加工处理，从不犯错，也不会受到其他因素的限制，从而对市场做出无偏估计，实现市场有效。

2.2.3 有效市场的特征

在假定市场有大量的交易参与者及他们是理性的前提下，如果这个市场有效，那么一方面，市场中所交易的证券价格充分反映了所有可获得的信息；另一方面，这些证券的价格对信息将迅速而且以几乎无偏的方式做出反应。这就意味着市场的强大力量将促使证券价格回归它应有的水平，这样任何人都无法持续地赚取超出市场平均水平的收益。因此，如果市场是有效的，那么在证券市场中的交易便是一个“公平的游戏”。这意味着证券价格将随意地上升或下降，它应该是随机波动的，证券价格变化的唯一原因是相关的、非预期的信息，而非预期的事件是随机发生的。所以，如果我们考察特定证券价格的时间序列图，会发现它是随机波动的，这种随机序列也被称为“随机游走”（random walk）。总之，如果一个股票市场是有效的，则它应具有以下几点特征：一是股票价格充分反映了所有相关的信息，这样，任何股票价格可能发生变化的唯一原因就是未预期到的相关新信息；二是如果市场上有相关的新信息出现，则股票价格能够对其迅速、准确地做出反应。所谓迅速是指股票市场在接收到新信息与股票价格做出相应的反应之间不应有明显的延迟，而是近乎瞬时予以反应，准确则是指股票价格是以一种无偏的方式对新信息做出反应，而且这种反应能够在初始就准确地反映该信息对股票价格的影响，不需要进行后续的修正，不存在过度反应或反应不足。

2.2.4 有效市场的类型与检验

根据信息集中所包含的内容不同，法玛将有效市场分为三种类型：弱式有效、半强式有效和强式有效。一是弱式有效市场。指如果证券价格所反映的信息集仅包含过去的交易信息，如交易价格、成交量等。在市场处于弱式有效时，投资者无法利用过去的交易信息获得超额收益。二是半强式有效市场。指如果信息集不仅包括证券过去的交易信息，也包括所有可以公开得到的信息，如公司盈利报告、财务报告、股票细拆等。在半强式有效状态下，这些公开信息可以迅速在股价中得到反映，因此利用当前的公开信息不能获得超额收益。三是强式有效市场。指如果信息集包含了不为大众所知的内幕信息。强式有效是有效市场的最高形式，如果达到了强式有效，则一定达到了半强式有效和弱式有效，市场如果达到了半强式有效，则一定达到了弱式有效，可见弱式有效是有效市场的最低层次。

在法玛提出有效市场概念之后，出现了大量关于有效市场假说的研究文献，研究的深度和广度也在不断加强和拓展。为此，1991 年当法玛对有效市场研究文献再次进行总结与评价时，对有效市场的研究内容重新进行了分类。首先，他用“股票价格的可预测性”来代替“弱式有效”的概念，即在有效的市场中，基于现有信息，股票的价格是不可预测的，这里的信息不仅包括过去的交易信息，也包括诸如分红派息、利率等。由于有效市场假说与均衡定价理论密不可分，因此，讨论股价的可预测性也包括资产定价模型检验和在检验中发现的一些异常现象。其次，他使用事件研究来代替半强式有效的概念，因为事件研究主要是检验市场对公开发布信息的反应速度和程度。最后，他用私人信息研究来代替强式有效研究。这一种分类使得关于有效市场假说的研究具有了更大的包容性。接下来，本书对上述三个分类分别进行梳理。

（1）对弱式有效市场假说的检验。

早期对弱式有效市场假说的检验主要采用随机游走模型，结论大多支持股票价格呈随机游走形态。尤其是萨缪尔森（Samuelson，1965）的检验更奠定了随机游走的学术地位。其他对弱式有效市场假说的基本检验方法有收益率的序列相关检验、游程检验、过滤法则检验等。一般的经验检验均证实弱式有效市场假说，即便有一些统计上的小的偏差，但从经济意义上而言，这些偏差不足以证明市场是无效的。

（2）对半强式有效市场假说的检验。

对半强式有效市场假说的检验主要采用事件研究（event study），

这一方法最早由法玛等人于1969年提出，并成为学术界广泛采用的研究方法。事件研究方法以一定的时期为研究窗口（window），通过对某一特定事项信息发布前后股价表现进行统计分析，观测股票价格什么时候对这些重要事项做出反应以及如何做出反应，从而验证市场是否达到半强式有效。如果股价对特定事件的反应滞后并且存在异常收益，则证明市场没有达到半强式有效。通常所研究的重要事件有：股票分割、红利宣告、收益公告、兼并、首次公开募股、大宗交易、股权回购、证券分析师建议发布、不可预期的经济和政治事件等。绝大部分的研究结果均支持半强式有效市场假说。

（3）对强式有效市场假说的检验。

强式有效市场假说认为股票价格已经充分反映了所有相关信息，而不论这些信息是已经公开还是未公开的私人信息或内幕信息。因此，如果市场是强式有效的，则任何人都无法根据其所持有的私人信息或内幕信息赚取超额收益。为此，对强式有效市场假说的检验，主要通过分析那些被认为拥有私人信息或内幕信息的人员（如公司内部人、证券交易所专家、经纪人、证券分析师、共同基金经理等）的投资业绩，来测试他们从事交易能否赚取超额收益，从而对强式有效市场假说是否成立加以检验。

2.3　资本资产定价模型

有效市场假设描述了金融市场均衡下的运行规律，资本资产定价模型则给出了这种均衡状态下资产价格的计算公式。20世纪60年代中期，在马科维茨（Markowitz）现代投资组合理论分析的基础上，夏普（Sharp）、林特纳（Lintner）、莫森（Morson）研究了在市场处于竞争均衡状态下金融资产的价格形成，从而提出资本资产定价模型。资本资产定价模型研究的是在市场信息有效的情况下市场（包括会计信息）如何影响单项资产的价格，从而提供了资本市场上资产的基本估值基础以及分析框架。资本资产定价模型的理论基础来源于马科维茨的资产组合理论和均值方差分析框架，包括有效组合集概念、分离定理、投资分散化理论、风险报酬理论，他假定不同投资者除了初始财富和风险厌恶程度不同之外，其他方面大致相同。

2.3.1 资本资产定价模型的基本假设

夏普等的资本资产定价模型基于一些基本的假设条件，其核心是尽量使有着不同初始财富和风险厌恶程度的投资者的特征相同化。这些假设条件具体包括：①投资者是价格的接受者，单个投资者的交易行为是不会影响证券的价格的。即假设市场为完全竞争市场。②所有投资者都有相同的投资期限。③投资者通过投资组合在某一段时期内的预期回收率和标准差来评价这个投资组合。④投资者具有相同预期，即他们对预期回报率、标准差和证券之间的协方差具有相同的理解，而且假定资本报酬率为正态分布（这一假定也被称为同质期望或信念）。⑤交易的证券资产是无限可分割的。⑥资本市场存在无风险利率，投资者可以在此无风险利率水平下无限制地借贷，对于所有投资者，无风险利率相同。⑦税收和交易成本均忽略不计，即假设市场是无摩擦的。⑧投资者是永不满足的，即投资者追求投资收益的最大化。⑨投资者是厌恶风险的，即投资者追求风险的最小化。⑩在资本市场中对信息的获得没有成本和滞后性，即假设市场是有效的，投资者对影响证券价格的信息可迅速获得且能够进行正确的处理。

2.3.2 资本市场线和证券市场线

资本资产定价模型包括两个模型，用两个方程表示，分别代表两条不同的曲线。其中第一条曲线称为证券市场线（security market line），简称 SML 线；第二条曲线称为资本市场线（capital market line），简称 CML 线，是指表明有效组合的期望收益率和标准差之间简单线性关系的一条射线。它是沿着投资组合的有效边界，由风险资产和无风险资产构成的投资组合。用公式可表达为：

总报酬率 = Q^*（风险组合的期望报酬率）+ $(1-Q)^*$（无风险利率）

公式（2－1）

其中：Q 代表投资者自有资本总额中投资于风险组合 M 的比例，（1－Q）代表投资于无风险组合的比例。虽然资本市场线表示的是风险和收益之间的关系，但是这种关系也决定了证券的价格，因为资本市场线表示的是证券有效组合条件下风险与收益的均衡，脱离这一均衡的投资组合就会在资本市场线之外，形成另一种风险与收益的对应关系。此时，如果风险报酬偏高，这类证券就会成为市场上的抢手货，造成该证券的价格上涨，投资报酬率最终会下降；如果风险的报酬偏低，这类证券就会成为投资者抛售的对象，造成该证券的价格下跌，投资报酬率最终会提高。在经过一段时间后，所有证券的风险和收益最终均会落到资本市场线上来，市场重新回到均衡状态。

证券市场线是资本资产定价模型的图示形式，可以反映投资组合报酬率与系统风险程度 β 系数之间的关系以及市场上所有风险性资产的均衡期望收益率与风险之间的关系。证券市场线可以表达为：

R_i（个股要求收益率）$=R_f$（无风险收益率）$+\beta^*$［R_m（市场平均股票要求收益率）$-R_f$］　　公式（2－2）

证券市场线很清晰地反映了风险资产的预期报酬率与其所承担的系统风险 β 系数之间呈线性关系，并充分体现了高风险高收益的原则。

2.4 行为金融理论

2.4.1 行为金融理论兴起背景：资本市场异象对经典理论的质疑

虽然有效市场假说和以它为基础的资本资产定价模型是资本市场运行的两大理论基础，在实证检验中两者也获得了大量的支持。然而，令人遗憾的是，20 世纪 80 年代以来，这两个理论受到了一些质疑。格洛斯曼和斯蒂格利茨（Grossman & Stiglitz，1980）非常精辟地指出了有效资本市场理论中存在的悖论，即如果股票的价格在任何时刻都等于股票的内在价值（也就是说，股票价格在任何时候都完全、无偏地反映了投资者所拥有的信息）那么，投资者完全可以不去从事收集、分析信息的工作，而是直接从股票价格中推导出所有关于股票内在价值的信息，因为收集、分析信息都是要付出成本的。在这样的情况下，有效资本市场上没有信息的投资者就不会去收集和分析信息，但是，如果所有的投资者都这样做，股票价格就不能有效地反映股票的价值。因此，和有效资本市场理论的结论相反，在有效资本市场上，均衡状态是不可能存在的。同时，来自华尔街的投资人士也并不欢迎有效市场假说。在信奉有效市场假说和资本资产定价模型的专家学者看来，像基金经理、专业投资顾问、资产组合专家、证券分析师等华尔街专业人士的工作是对时间和金钱的浪费，在构建有效投资组合方面他们永远落后于市场，因为市场才是最有效的投资组合——这显然不能被华尔街接受。

除了这些反对声音之外，有效市场假说面临的不利证据还有实证检验中发现的收益异常问题。按照有效市场假说，资产价格反映市场可用的一切信息，当然有关资产真实价值的信息也必须反映在市场价格之中，因此，资产的市场价格应该不会脱离其真实价值很远，只可能是在价值上下很窄的范围内做随机波动。在资产的定价机制稳定的情况下，若不出现其他重大事件，其市场价格更不应该出现诸如动荡、泡沫或崩溃这样非理性的行为。但是在研究中，不少学者发现了很多有效市场假说和资本资产定价模型所不能解释的异常现象，其中有些异常现象表明资产价格或者投资收益有时表现出一定的规律性，或者说资产价格在一定程度上可以进行预测；也有一些异常现象表明资产价格大大超出严格按照资本资产定价模型或其他理性预期模型计算得来的“正常”价格水平，投资于这类资产的投资者获得的绝不是平均的市场收益水平。这些市场异象明显与有效市场假设相抵触，因为在一个有效的资本市场中，资产价格无任何规律可言，投资者不能根据任何公开的信息获得超出市场收益水平的超常回报。因此，这只能说明或者市场是无效的（即存在获取超常回报的机会），或者所使用的资产定价模型是不完备的。具体而言，20 世纪 80 年代以来发现的资本市场异象主要有如下几类：

（1）资本价格（收益率）可预测性。如果市场是弱式有效的，那么对于任何投资者来说，可以获得的历史信息对股票未来价格没有预测能力。然而，近年来实证研究却发现未来价格可预测的现象，并且这些现象很难完全被经典模型所解释。这主要表现在：①时间序列收益可预测性。时间序列虽然很小，但却存在非常稳定的自相关关系，这种相关性在短期内（3 ~ 12 个月）表现为正相关，称为收益动能现象（momentum），在长期（如3年）则表现为负相关，称为收益回归现象（reversal）。收益动能现象由蒂格蒂斯和提特曼（Degadeesh & Titman，1993）提出，他们指出在美国市场上，过去6个月表现好的股票，在接下来的6个月往往也会表现得好。另外，如罗文霍斯特（Rouwenhorst，1998）等其他研究，证实同样的短期正相关关系也存在于其他市场上。收益动能现象在小公司、成长型公司、很少有人研究的公司上表现得更明显。收益回归现象由德邦特和塞勒（De Bondt & Thaler，1985）提出，他们将1926~1982年纽约交易所所有公开交易的股票每隔3年按前3年的累积收益率排序，排名最靠前的前35位的股票组成“赢者”（winners）组合，最后35位的股票组成“输者”（losers）组合，然后分别计算这两个组合在随后3年的收益率，结果平均而言输者组合比赢者组合年收益率高8%。②横截面收益可预测性。众多的研究表明，股票的未来收益率一定程度上可由价格相关的变量预测出来。巴苏（Basu，1977）最早提出每股收益/股价比率对未来收益率有预测能力。邦兹（Banz，1981）提出公司规模能解释股票的未来收益率的变动部分。斯丹特曼（Stattman，1980）发现价值溢价现象，即净资产市价比较高的公司股票未来收益率高。法玛和弗伦奇（1992）系统地研究了与价格有关的横截面数据对股票未来收益率的预测能力。对于规模溢价，他们发现小公司股票比大公司月均收益率高0.74%，这么高的收益率差距无法完全由小公司的β值来解释。他们也发现其他基本变量与价格的比率，如净资产市价比，每股收益/每股价格等，对股票的未来收益率有解释力。③事件研究下的股票收益可预测性。许多实证研究运用法玛等（1996）提出的事件研究方法，发现股票市场对公开信息的反应并不总是有效的。伯纳德和托马斯（Bernard & Thomas，1989）使用1974~1986年每个季度的数据，根据最新的收益公告意外好或坏的程度将纽约证券交易所（NYSE）

与美国股票与期权交易所（AMEX）所有可交易股票分为 10 个等级。他们发现，收益公告 60 天后，收益意外好程度最高的那 1/10 的公司股票组成的组合，收益率比意外程度最高的那 1/10 的公司组成的股票组合平均要高 4%。陈等（Chan et al.，1996）的研究也得出类似的结论。④心情指标收益可预测性。有效市场假说认为股票价格总是反映股票价值，但令有效市场假说尴尬的是，一些明显与股票价值无关的指标对股票的价格波动有很好的解释能力。卡姆斯特拉等（Kamstra et al.，2000）发现，一天日照时间的长短与股市收益率波动相关。赫舒拉发和沙姆韦（Hirshleifer & Shumway，2001），桑德斯（Saunders，1993）发现，包括美国在内的 26 个国家，各国主要股票交易所所在城市上空的云覆盖面积的比例与当天该股市指数的波动正相关。这些心情指标对资本市场收益率的解释力更是说明投资者的行为受非价值因素的影响，而且这样的行为会反映到股票价格上。

（2）股权溢价之谜。传统经典理论从理性人厌恶风险的假设出发，认为高风险高收益。由于炒股票比债券的风险要高，因此股票收益率应高于债券的收益率，然而从美国市场的历史数据来看，股票市场的收益率相对太高了。麦奥和皮斯特（Mehra & Prescott，1985）发现股票比国库券年收益率高出 7%。

（3）股价的过度波动性。席勒（Shiller，1981）首先发现，无论是以股票收益率还是以价格—红利比率来衡量，股票价格的波动性都过于激烈。席勒（1981）也指出，标准普尔指数的超额连续年收益率的标准差为 18%，价格—红利比率的波动性更大。传统经典金融学理论将未来现金流以相同折现率进行折现，这样的方法难以解释股价如此大的波动，因为股票可能获得的预期现金流或消费者的理性偏好不会有与此对应的巨大波动。

（4）投资者的行为偏差。有效市场假说是从投资者行为理性这个前提出发的，因此直接研究投资者行为，即研究投资者持有什么样的投资组合，他们做了哪些交易，可以判断理性投资者假设的合理性。关于投资者行为的数据可以通过两种方式获得：一是通过经济学试验；二是通过经纪公司的配合，在匿名条件下对投资者账户的真实变动进行统计分析。

关于该方面的研究表明，投资者的行为并不符合理性假设，这表现为以下几种行为偏差：①分散化不充分。经典组合理论认为，不考虑交易成本等因素，每个理性投资者会参与所有的金融市场，充分分散非系统风险。但研究表明，投资者的分散化常常是不充分的，许多投资者根本不参与重要的金融市场，例如不持股票，或者没有债券或不动产，在参与股票市场的投资者中，他们持有的股票组合也不够分散化。弗伦奇和波特巴（French & Poterba，1991）指出，美国、日本与英国的投资者分别将 94%、98% 与 82% 的股票投资集中在本国股票上。这说明人们在持有股票组合时有“所在国偏好”，对国外股票持有的比例不足。格林布莱特和凯洛哈留（Grinblatt & Keloharju，2001）更是发现在一国范围内人们也对位于自己居住所在地的上市公司特别喜好。②幼稚的分散化。贝纳茨和塞勒（Benartzi & Thaler，2001）发现，即使投资者认识到分散化的重要，他们也以幼稚的形式进行，一般是将自己的财富等比例地分配于能投资的证券种类上，而不管这些证券市场价值的比例大小。由于股票的种类比较多，使得这些投资者的组合中股票的比重过高。③交易过度。在经典金融理论中，股票交易出于以下几个原因：首先，投资者根据自己的流动性需要；其次，投资者对自己的证券组合进行重组；最后，根据投资者私人信息判读股票的市场价格与其价值不符。由于所有投资者都是理性的，并且知道其他投资者也是理性的，在别人提出购买股票的要求时，想出售股票的一方应当有理由怀疑对方拥有私人信息从而会拒绝交易请求，除非对方能证明自己的交易起因于流动性或重组组合，这样股票市场上的交易应当是非常少的。但是无论从私人投资者还是机构投资者的研究中都发现他们的交易过于频繁，并且其平均收益率比市场收益率低很多。与之相关的是，尽管采取消极的指数模拟策略的基金已被证明长期业绩会更好，但还是会有相当一部分基金经理采用积极策略，并且这些基金并没有被其持有人抛弃。④不愿实现损失。投资者不愿意出售相对于购买价格而言亏损的股票，这种现象被称为处置效应（disposition effect），奥登（Odean，1998）发现个人投资者更愿意出售相对于购买价格已经升值了的股票，而实际上他们出售的股票在随后的时间里比他们持有的股票表现更好。⑤弗里德曼－萨维奇（Friedman-Savage）之谜。为什么人们购买保险的同时会去购买彩票？换句话说，为什么人们会在厌恶某种风险的同时喜好另外一种风险？

（5）封闭式基金定价之谜。封闭式基金的运作机制说明，基金份额价值最可靠的指标是每股资产净值，但是这种基金的市场交易价格却几乎总是偏离其每股资产净值，一般规律是在其刚上市时，基金价格高于每股资产净值，一段时间后价格会下降，稳定在低于其每股资产净值的10%左右的价位上，在基金到期或转变成开放式基金时，基金价格与其每股资产净值的差距逐渐缩小乃至消失。

2.4.2 行为金融理论的理论基础

行为金融的目的不是推翻传统的主流金融理论，而是通过引入心理学和相关理论使主流金融理论更加符合现实情况，它把传统的完全理性人还原为有限理性的“社会人”，强调在不确定性条件下的不完全理性投资者行为的研究。行为金融理论的理论基础主要有：

(1) 预期理论。预期理论是由卡尼曼和特维尔斯基（Kahneman & Tversky）共同于1979年提出来的，并在其后得到了不断的补充和修正。它是一种研究人们在不确定的条件下如何做出决策的理论，主要解释的是传统理论中的理性选择和现实情况相背离的现象。其主要理念包括以下两个方面：一方面，它在一定程度上继承了传统金融理论关于人类具有根据成本收益采取效用最大化的倾向；另一方面，它又提出由于有限理性、有限自制力和有限自利的存在，人们不完全像主流理论所假设的那样，在每一种情境下都清楚地计算得失和风险概率，人们的选择往往受到个人偏好、社会规范、观念习惯的影响，因而未来的决策存在着不确定性。具体来讲，预期理论包含以下一些颇具信服力的论断：

①决策参考点（reference point）决定行为者对风险的态度。投资者投资时判断效用的依据并不像传统理论中所论述的是最终的财富水平，而是总会以自己身处的位置和衡量标准来判断行为的收益与损失，也就是选取一个决策参考点，以此点来决定行为者对风险的态度，从而作出投资决策。卡曼尼和特维尔斯基的研究指出，在参考点上，人们更重视预期与结果的差距而不是结果本身。因此选择什么样的决策参考点至关重要。也正由于决策参考点的存在，使得预期具有不确定性和不稳定性，由预期所带来的行为也不可能与理性选择理论完全相符，所以很多时候，非理性的行为偏离了传统金融模型。

②损失规避（loss aversion）。卡尼曼和特维尔斯基通过实验发现，在决策参考点进行心理估算的时候，行为者在大多数情况下对预期损失的估值会比预期收益高出两倍，因为在不确定的条件下，人们的偏好是由财富的增量而不是总量决定的，所以人们对于损失的敏感度要高于收益，这种现象称作损失规避。它不同于新古典理论关于偏好的假定，从而解释了人们决策和行为与数量模型的偏差。在这一研究

中，卡尼曼和特维尔斯基还利用两种函数来描述个人的选择行为，其一是取代了传统效用理论中效用函数的价值函数（value function），其二则是利用预期效用函数的概率转换成的决策权数函数（decision weighting function）。由于损失规避的特征，效用函数表现为正的增量是凹的，表现为负的增量是凸的（新古典模型则表现为效用函数所有点都是凹的）。因此，人们在已经亏损的情况下，会成为一个风险追求者，而不是一个风险厌恶者，实验研究也表明，在上一轮赌局中遭受损失的人会更有参加下一轮赌局的冲动。

③非贝叶斯法则的预期。概率论中的贝叶斯法则指的是当分析样本数接近总体数时，样本中事件发生的概率将接近于总体中事件发生的概率。卡尼曼和特维尔斯基认为，行为人面对不确定的情况作预期的时候，经常会体现出非贝叶斯法则，或是对其他概率理论的违背，通常是把小样本中的概率分布当作总体的概率分布，夸大小样本的代表性，对小概率加权太重，犯了“小数法则偏差”。例如，如果在10个被试当中，文化程度高的人更容易掌握高尔夫球的初学要领，那么人们可能会形成一种观念：一般情况下，在高尔夫学习者中，文化水平高的人更容易学会。这就是一种非贝叶斯法则的预期。

④框架效应（framing）。卡尼曼和特维尔斯基研究人类在不确定条件下的决策时注意到行为选择与行为环境之间的关系，人们面对决策时，不仅考虑行为的预期效用，也会受到问题框架方式的影响，也就是说，问题以何种的方式呈现在行为人面前，会在一定程度上影响人们对于风险的态度。面对同样预期效用的确定性收益与风险性收益，如果行为方案是收益的，行为人会选择确定性收益，即呈现出一种风险规避。然而，面对同样预期效用的确定性损失和风险损失，如果方案是代表损失的，行为人会选择风险损失，即呈现一种风险爱好。

（2）套利限制（limits of arbitrage）。套利限制是行为金融学对传统金融理论提出质疑和修正的重要工具。传统金融理论构架中的重要支撑部分是有效市场假说，有效市场假说认为在市场中，理性的交易者能够正确评估证券的价格，如果还存在很多非理性交易者，那么一方面如果非理性交易者的非理性行为相互抵消，则对市场的有效性没有影响；另一方面，如果非理性交易者的非理性方向是相同的，这时候由于套利的存在，短期内的价格偏离很快也会得到纠正，从而使市场能够恢复至有效率的状态。但是，行为金融学认为套利的力量不可能不受条件限制，在各种客观约束下，套利无法剔除非理性行为对理性行为的长期并且是实质性的影响，所以有效市场假说是不成立的，这被称为“套利限制”。具体来说，这种限制来自三个方面：一是在市场上，非理性交易者的数量不能过多，否则，理性交易者将无力纠偏价格，非理性交易者将支配市场，价格也将远离均衡。二是理性交易者且只有理性交易者可以在市场上卖空，如果非理性交易者也参与卖空，价格将更加不均衡。同时理性交易者的这种卖空应是低成本的，能够实施的。三是非理性交易者在经过一段时间之后应该了解到资产的真正价值，从而调整自己的行为，纠正自己对市场价格的错误估计，从而使价格偏离停止。

（3）行为资产定价模型。行为金融学的诞生与作为标准金融理论基石之一的资本资产定价模型不断受到质疑是密不可分的。行为金融学在自己的学科发展当中，一方面通过借鉴心理学、行为学、社会学等其他学科，不断修正和完善传统金融学的基本预设和分析范式；另一方面也尝试着提出自己解决问题的模型，针对资本资产定价模型，行为金融学家舍夫林和斯诺特曼（Shefri & Statman）提出了行为资产定价模型。行为资产定价模型典型地体现了行为金融学的基本理念，即上面所提到的非理性交易者长期性、实质性的存在，它所描述的是理性交易者和非理性交易者互动情况下的资产定价方式。在该模型中，理性交易者，即信息交易者，遵循资本资产定价模型，是传统理论当中预设的具有良好认知、专业技术并且有均值方差偏好的市场行为者；而非理性交易者，即噪声交易者，则不具备理想状态下的投资者所应有的知识储备和行为方式，他们并不具有均值方差偏好，往往背离资本资产定价模型。因而，在行为资产定价模型中，与资本资产定价模型不同，把决定证券预期回报的β系数与行为相联系，这样的行为β与均值方差有效组合的切线有关，而不是与市场组合有关。可以看出，行为资产定价模型既有限度地接受了市场有效性，也秉承了行为金融学所奉行的有限理性、有限控制力和有限自利。

（4）其他关于人类决策行为的理论。除了上述三个主要的理论之外，行为金融理论还以其他一些关于人类决策行为的理论为基础，具体包括以下几个：

①心理账户（mental accounts）。大多行为金融学学者都认为，在行为人进行决策的时候，并不是权衡了全局的各种情况再进行考量，而是在心里无意识地把一项决策分成几个部分来看，也就是说，分成了几个心理账户，对于每个心理账户行为者会有不同的决策。舍夫林和斯诺特曼认为普通投资者会将自己的投资组合分成两部分，一部分是风险低的安全投资，另一部分是风险较高但可能使自己更富有的投资。这是由于人们都有既想避免损失又想变得富有的心态，因此，人们会把两个心理账户分开，一个用来规避贫穷，一个用来一朝致富。而且，在考虑问题的时候，行为者往往每次只考虑一个心理账户，把目前要决策的问题和其他的决策分离看待，也就是说，投资人可能将投资组合放在若干个心理账户中，不太在意它们之间的共同变异数，这也就从另一个角度解释了行为者在有些情况下的非理性行为。

②易获得性偏误（availability）。卡尼曼和特维尔斯基把这样一种

现象称作易获得性偏误：某件事情让人比较容易联想到，行为者可能便误以为这个事件经常发生，相反，如果某类事件不太容易让人想象到，在人的记忆中相关信息不丰富、不明确，行为者就会在不自觉的情况下低估该类事件发生的概率。在这样的可能性下，一个社会、一个时代所风行的、被人们熟知的事物自然成为易获得的，所以，行为人在决策时受社会化影响的程度是不可忽视的。

③过度自信（overconfidence）。这个概念似乎在行为金融学中是一个非常普遍的观念。它和行为金融学中预设这一基本理论分不开，从而又回到了人类的有限理性问题上：因为在行为者当中，不论是理性行为者还是非理性行为者，都不会怀疑自己的理性的存在，他们自认为是掌握了一定信息和一定专业知识的，因而面对投资决策的时候，便过于相信自己的判断力。有些学者专门对此作了一系列实验，结果证明受访者都倾向于高估他们答对的概率，而另一些调查也表明散户在第一年的时候往往频繁交易，但是他们卖出的股票却往往比他们买进的股票表现要好。

④从众心理（sheep mentality）。作为心理学上的古老命题，从众心理也被引入了行为金融学。在投资市场这种群体活动的状态下，行为人必然会受到其他行为人和整个行为环境的影响，产生一种模仿、攀比、追随和互相传染的倾向。在处理一些突发事件的过程中，这种从众的非理性会达到一个相当高的程度，人们的预期会造成大量的误价（mispricing），因此众多同方向的预期与均衡价格的偏离导致了前面所讨论过的“套利的限制”，人们的这种非理性无法互相抵消，反而互相加强，有效市场变得更加难以实现。

⑤模糊规避（ambiguity aversion）。这个概念描述的是人们在进行决策的时候会表现出一种对不确定性的厌恶。在面对选择进行冒险的时候，会倾向于拿已知的概率作为依据，而趋避不确定的概率。很明

显，当新的金融产品出现的时候，往往会被投资人增加过多的风险溢价，而经过一段时间以后，当人们对该种金融产品有了一定的把握，相应地便会降低风险溢价。

2.4.3 行为金融理论的投资行为模型

在上述理论基础之上，行为金融的研究者构造了如下四个重要的行为金融投资决策模型，具体包括：

（1）BSV 模型。该模型认为人们进行投资决策时存在两种错误范式：一种是选择性偏差（representative bias），即投资者过分重视近期数据的变化模式，而对产生这些数据的总体特征重视不够，这种偏差导致股价对收益变化的反映不足（under-reaction）。另一种是保守性偏差（conservation），投资者不能及时根据变化了的情况修正自己的预测模型，导致股价过度反应（over-reaction）。BSV 模型是从这两种偏差出发，解释投资者决策模型如何导致证券的市场价格变化偏离效率市场假说的。

（2）DHS 模型。该模型将投资者分为有信息和无信息两类。无信息的投资者不存在判断偏差，有信息的投资者存在着过度自信和有偏的自我归因（self-contribution）。过度自信导致投资者夸大自己对股票价值判断的准确性；有偏的自我归因则使他们低估关于股票价值的公开信号。随着公共信息最终战胜行为偏差，对个人信息的过度反应和对公共信息的反应不足，就会导致股票回报的短期连续性和长期反转。所以法玛（1998）认为 DHS 模型和 BSV 模型虽然建立在不同的行为前提基础上，但二者的结论是相似的。

（3）HS 模型。该模型区别于 BSV 和 DHS 模型之处在于：它把研究重点放在不同作用者的作用机制上，而不是作用者的认知偏差方面。该模型把作用者分为“观察消息者”和“动量交易者”两类。观察消息者根据获得的关于未来价值的信息进行预测，其局限是完全不依赖于当前或过去的价格；“动量交易者”则完全依赖于过去的价格变化，其局限是他们的预测必须是过去价格的简单函数，在上述假设下，该模型将反应不足和过度反应统一归结为关于基本价值信息的逐渐扩散，而不包括其他的对投资者情感刺激和流动性交易的需要。模型认为最初由于“观察消息者”对私人信息反应不足的倾向，使得“动量交易者”力图通过套期策略来利用这一点，而这样做的结果恰好走向了另一个极端——过度反应。

（4）羊群效应模型。该模型认为投资者“羊群行为”是符合最大效用准则的，是“群体压力”等情绪下贯彻的非理性行为，其又可以分为有序列型和非序列型两种模型。有序列型模型由班纳吉（Banerjee，1992）提出，在该模型中，投资者通过典型的贝叶斯过程从市场噪声以及其他个体的决策中依次获取决策信息，这类决策的最大特征是其决策的序列性，但是现实中要区分投资者顺序是不现实的。因而这一假设在实际金融市场中缺乏支持。非序列型模型则论证无论仿效倾向强或弱，都不会得到现代金融理论中关于股票的零点对称、单一模态的厚尾特征。

第3章 文献述评

前面第2章对本书有关的理论基础做了阐述，本章将对应计异象相关的文献做比较系统的述评。近年来，随着研究的深入，越来越多的资本市场“异象”被学者发现和证实，这些“异象”关乎资本市场的定价效率，对资本市场的健康有效发展具有重要影响。而“应计异象”作为其中尤为重要的一种异象，近期也得到了学者的大量关注和广泛讨论。

资本市场中的投资者根据各种信息对股票等证券进行定价，在众多信息来源中，会计信息是投资者对股票进行定价时所采用的最基本信息，而会计信息尤其是盈余信息的编报则以应计制为基础，因此应计信息会对投资者的定价行为产生重要的影响。根据现有的研究文献，市场对应计的认识存在三种解释：一是根据米勒和莫迪利亚尼（Miller & Modigliani，1966）的研究，市场对盈余定价，应计是盈余的组成部分（斯隆，1996）；二是根据奥尔森（Ohlson，1995）的分析，市场对净经营资产的增长定价，应计是净经营资产增长的组成部分（费尔菲尔德等，2003）；三是根据托宾（Tobin，1969）的相关分析，市场对投资定价，应计可用营运资本投资替代（吴等，2010）。但是，由于斯隆（1996）在应计异象研究领域的重要地位，有关应计异象的学术研究中主要采用的是第一种解释。基于此种解释，可以从三个层次对应计进行界定：首先，对应计狭义上的认识基本是沿用希利（Healy，1985）的观点，其将应计限于营运资本应计，即非现金流动资产的变化与流动负债（扣除短期借款及应交税金的变化）的变化及折旧与摊销的差异，此类研究如琼斯（1991）、斯隆（1996）等早期经典文献；其次，广义上的应计认识主要是基于理查森等（2005）对应计的阐述，他们认为应计代表了应计制盈余与现金制盈余的差异，即资产负债表中非现金资产的变化与负债的变化的差异；最后，以上两种认识均为采用资产负债表获取应计，随着现金流量表的采用，学术研究中逐渐将应计界定在经营活动应计，即经营性利润与经营性现金流的差异。

根据股利折现模型以及净剩余会计假说，投资者根据会计信息（盈余与净资产变化）与资本成本估计公司价值，并做出投资决策。如果投资者错误判断会计信息的特征，则会导致其对股票错误定价，进而导致资本市场无效。鉴于有效资本市场假说的重要地位，学术研究中将违背有效资本市场假说的现象称为资本市场的异象。进一步而言，如果资本市场的无效是由于市场对会计信息（应计信息）的错误定价造成的，则称为资本市场的会计异象（应计异象）。斯隆（1996）首次发现了“应计异象”的存在，即发现资本市场对会计信息中的应计信息（accrual）错误定价。

虽然从应计异象的发现至今已有 17 年，但应计异象并未从资本市场消失，学术界对应计异象的研究也从未停止过。自从斯隆（1996）首次发现应计异象后，其存在性问题，一直是学术界及实务界的广泛关注和争论的焦点。从理论上来讲，一方面由于套利机制的作用，通过应计进行套利的空间会随着时间的推移逐渐减少；另一方面根据学习效应假说，资本市场中的投资者会不断根据新产生的信息对投资决策做出修正，市场对应计的错误定价会逐渐降低，由于以上两个方面的原因，应计异象终将消失。然而，实证分析的结果并未与上述仅仅从理论上进行分析的结论相一致。例如，列夫和尼西莫（Lev & Nissim，2006）指出虽然距应计异象第一次被发现已有10年，但应计异象并未消失，甚至反而更加显著；吴等（Wu et al.，2010）的研究进一步发现，基于应计的交易策略的期望回报并未随时间的变化而单调变化，而是随时间的变化体现出一定的时异性，即最近应计异象的减弱可能只是暂时的，在不久的未来将可能反转；即便是法玛和弗伦奇（Fama & French，2008）也认为应计异象仍然是一种普遍存在的现象。

通过对“应计异象”有关的研究文献进行梳理，本书发现学术界主要围绕如下三个问题对“应计异象”进行分析：一是应计异象究竟是否存在；二是如果应计异象被证实存在，那么是什么原因导致了应计异象的产生；三是资本市场中存在应计异象意味着市场中存在套利空间，聪明的投资者可通过应计信息构建投资组合进行交易并获得超额回报，既然如此，经过一段时间的套利，应计异象应被市场套利消除掉，但研究却发现应计异象是持续存在的，那么应计异象持续存在的原因又是什么。其中，对于第一个问题的研究可分为两个方面：一是应计异象是在个别资本市场存在，还是存在于所有资本市场中；二是应计异象究竟是学术研究中对预期价格的错误预测引起的一种假象，还是真的存在于现实世界。对于第二个问题的研究，重点在于对应计特征的正确认识以及对市场如何分辨、利用应计的这些特征进行定价的分析。对于第三个问题的研究，可以通过如下两个方面进行解释：一是套利风险和套利成本（包括交易成本及信息成本等）；二是投资者的有限注意力。根据上述逻辑，本章首先对应计异象文献从三方面进行回顾：①应计异象是否存在；②应计异象产生的原因；③应计异象持续存在的原因。在上述三个方面文献回顾的基础上，再对应计异象最新研究动向和研究进展进行总结，并引申出进一步研究的方向。

3.1 应计异象是否存在

斯隆（1996）首次证实了应计异象的存在，堪称会计学术研究的经典，这并不仅仅因为其首次发现了应计异象，还在于其以严密、准确的检验方法，以及经得起重复验证的检验结果首次证明了应计异象在美国资本市场的存在，此后所有有关应计异象的文献均为在其基础上进行的扩展、评论或分析。具体而言，斯隆（1996）以美国1962～1991年上市公司为研究样本，基于资产负债表用营运资本（或称净流动资产）的变化作为应计的度量，通过盈余持续性模型证明了盈余组成部分（应计、现金流量）的持续性差异；并借鉴米什金（Mishkin，1983）的理性预期模型检验了市场对盈余组成部分持续性的错误定价；进而通过构建投资组合发现通过应计构建的对冲组合可取得10.4%的异常回报。他们进一步的研究还发现异常回报中的40%集中在仅占交易日不到5%的盈余公告日，其中“低应计组合”超过80%的异常回报集中在公告日，而“高应计组合”在公告日则未能取得异常回报，从而证实了“应计异象”的存在。

然而，斯隆（1996）虽然首次发现应计异象，但该研究也可能存在如下局限：一是可能受样本限制，其研究结论不能推广到其他资本市场；二是该发现可能仅是其他资本市场异象的具体表现；三是由于资本市场效率的检验存在联合检验的问题，斯隆（1996）发现的应计异象可能是由于定价模型中遗漏了部分变量造成的，定价模型中遗漏的变量可能与应计有关也可能与应计无关。如果在加入与应计无关的变量后，无法通过应计获得异常回报，则可否认应计异象的存在。导致上述现象的原因可能有两种：一种是应计是被遗漏的定价因子；另一种可能是由于新构建的变量与应计有关，被解释掉的异常回报可能是由应计本身的特征引起的。基于以上原因，学术界关于应计异象是否真实存在的研究尚未完全取得一致意见，其争论也一直存在，并活跃于会计及金融学术研究之中。

3.1.1 应计异象与其他资本市场异象关系的争论

公司未来的盈利能力及价值取决于其当期的盈余与净经营资产的增长（Ohlson，1995），因此，应计异象的出现可能并不是因为应计作为盈余的组成部分，市场未能对应计的低盈余持续性正确定价造成的，而可能是因为应计作为净经营资产增长的组成部分，市场未能对净经营资产增长的低持续性正确定价造成的。费尔菲尔德等（2003）发现净经营资产增长的持续性显著低于盈余的持续性，在控制住当期盈余的影响后，应计与长期净经营资产的增长具有相同的盈余持续性，并发现市场对应计与长期净经营资产的增长进行了相同的高估定价。费尔菲尔德等（2003）认为应计作为净经营资产增长的一部分，其低持续性是由稳健性误差（由会计稳健性原则引起）及低边际收益率（由新投资的边际报酬递减规律引起的）造成的，说明斯隆（1996）的应计异象本质上是学术界对增长异象的误判。德塞等（Desaiet al.，2004）发现在用CFO/P（经营活动现金流/价格）替代传统价值—成长异象中的C/P（现金流/价格）变量，且控制住其影响后，均未显著发现与传统的价值—成长异象的替代变量（销售增长、B/M，E/P，C/P）或应计有关的异常回报，即CFO/P能解释传统的价值—成长异象及应计异象。

理查森等（2005）是继斯隆（1996）之后又一篇证明应计异象

存在的重要文献，针对以上争论，费尔菲尔德等（2005）采用广义的应计定义，扩展了斯隆（1996）的研究，认为费尔菲尔德等（2003）所提到的净经营资产的增长实际上也是广义应计的组成部分。他们的研究发现，在基于资产负债表并使用所有非现金资产与所有负债差额的变化作为应计的度量后，应计异象仍存在，且随应计可靠性的降低而更加显著。费尔菲尔德等（2005）还指出通过总应计构建的对冲组合可取得超过 13% 的异常回报，即使是采用斯隆（1996）的应计定义构建的对冲组合也可取得 12. 8% 的异常回报，而按照总应计中可靠性最低的净经营资产的变化构建的对冲组合甚至能取得 18. 0% 的异常回报。

3. 1. 2　应计异象存在的普遍性

虽然斯隆（1996）以美国上市公司为样本发现了应计异象，但这可能是由美国特殊的法制环境决定的，在其他国家应计异象可能并不存在。平卡斯等（Pincus et al.，2007）对美国及美国之外 19 个国家的应计异象进行研究，发现应计异象的产生与一个国家的制度环境有很大的关系，其更容易在英美法系（普通法法系）、应计会计被允许大量采用、股权较分散、外部股东权利较弱的国家发生。

3. 1. 3　基于定价模型认识的应计异象存在性争论

由于研究中对市场效率的检验存在联合检验的问题（定价模型与市场效率研究的联合检验），因此基于所谓“错误定价”的存在便认为市场无效的观点是错误的，因为“错误定价”非常有可能是由于定价模型中缺失的定价因子造成的。同样，应计异象可能是由于定价模型中没有充分控制系统风险因子而产生的表面的错误的结论，应计异象实际上可能是并不存在的。卡恩（Khan，2008）采用基于跨期资本资产定价模型的四因素模型，四因素分别为 Fama-French 三因素模型中的 SMB、HML 两因子，以及通过对系统风险因子进行拆分得出的与市场组合未来预期回报有关的信息、与市场组合的未来预期股利有关的消息等两因子。卡恩（2008）研究发现，用四因素模型对高应计公司平均回报与低应计公司平均回报的横截面差异进行解释时，并未发现两者之间存在显著差异，且用四因素模型计算的应计对冲组合的异常回报虽然在统计上显著，但仅为 1.6%，远低于用其他定价模型计算产生的异常回报额。这一研究说明，用四因素模型可较好地解释应计异象的大部分错误定价，应计异象很大程度上受所使用的资产定价模型的影响。

对资本市场异象存在与否的争论，学术界主要提出两种解释：风险解释和错误定价解释，即基于风险观的市场有效性认识和基于投资者错误定价的市场无效性认识。基于风险观的资本市场异象解释基本是通过在资产定价模型中加入一个能消除异象的因子，以此来否认异象的存在，但是反过来分析，这种做法也很可能将由信息特征造成的错误定价误认为风险，即存在模型过度设定的问题。费尔菲尔德等（2012）用 Fama-French 三因素中的 SMB 以及 HML 相同的方法，构建了一个基于应计的新的风险因子 CMA（conservative minus aggressive），将其作为三因素之外的第四个因素，发现 CMA 能很好地解释应计的异常回报，但由于 CMA 因素是根据应计构建的，应计（应计本身的特征）与 CMA 的载荷（Loading，应计的风险测度）之间可能存在很大的相关性，因此通过简单回归的结果并不能说明 CMA 所解释的应计的异常回报到底是由于市场错误定价造成的，还是其本身就是一个被遗漏的风险因子，即 CMA 究竟是错误定价的替代变量还是一个风险因子。费尔菲尔德等（2012）采用特征与协方差检验的方法对应计异象的风险解释与错误定价解释进行研究，发现是应计特征而非应计因子载荷具有预测回报的能力，说明投资者错误定价了应计，应计异象是现实存在的。

可见，学术中关于应计异象是否存在的争论集中在如下三个方面：应计异象的普遍性；应计异象能否被其他异象所解释；应计异象是否是定价模型误设造成的假象。其中，针对前两部分的分析更多地承认市场至少部分对应计进行了错误的定价。对第三个方面的争论主要集中在风险解释以及错误定价解释上，如果对这两种解释的争论仅仅停留在对彼此的否认上，那么这种争论实际上是没有必要的，因为任何一个给定的会计信息特征都可能被扣上候选风险因子的标签，基于投资者错误定价的市场无效性认识无法完全否定基于风险观的市场有效性认识。

3.2　应计异象产生的原因

会计信息的决策有用性体现为会计信息预测公司价值及与之相应风险的可靠性与准确性，进而有助于投资者做出最优决策。鉴于此，会计信息与资本市场实证研究的一个重要任务便是解释会计信息的本质特征及其如何能帮助投资者预测公司价值。同样，应计异象研究的很重要的一个方面是对应计及其组成本分的本质特征进行解释。

对应计按照一定的特征进行深入的分解，有助于对应计本质特征的认识，进而发现应计异象的成因。文献中对应计的划分主要存在以下标准：按应计项目的可靠性、操控性、正常与否、质量、高低、方向、产生原因以及与公司的投资、增长的相关程度等。从本质上来分析，以上划分基本上认为应计具有两方面的特征：低持续性的特征，以及体现或包含决定公司价值的与公司净资产增长相关的特征或信息，即对应计异象产生原因的解释存在两种假说：低持续性假说以及成长（增长）假说。

3.2.1 低持续性假说

应计的低持续性是由三方面原因形成的：一是应计作为盈余的组成部分，一方面对其进行估计时存在较大的估计误差，另一方面部分应计重复出现存在很大的不确定性；二是应计作为净经营资产增长的组成部分，体现出与边际报酬递减规律密切相关的特征；三是作为应计制会计的产物，应计容易及可能被人为操控。

应计与现金流作为盈余的两个组成部分，具有不同的盈余持续性。从应计项目本身的特征分析，一方面是由应计项目重复出现的低确定性造成的，尤其当应计项目中包含大量非经常性项目时；另一方面是由应计项目精确发生的低可靠性造成的，会计信息提供者或使用者在对应计及现金流进行估计时，对应计的估计存在更大的主观性，更大主观性代表更低的可靠性，更低可靠性造成更大的计量误差，进而造成应计更低的持续性。如果市场未能正确识别应计及其组成部分的低持续性或持续性差异（相对于现金流），而功能锁定于盈余数字并对应计进行错误定价，则会产生应计异象。理查森等（2005）基于资产负债表对应计进行广义的定义，并将应计分为经营性应计、投资性应计、融资性应计，再根据可靠性对三部分应计进行进一步分解，通过对不同可靠性的应计的盈余持续性及市场定价的研究发现，应计的盈余持续性随着可靠性的降低而降低，且市场未能正确理解应计组成部分的盈余持续性差异，并对应计及其组成部分错误定价。

应计作为净经营资产增长的组成部分，也可能表现出较低的持续性。费尔菲尔德等（2003）发现应计作为净经营资产增长的组成部分，具有与净经营资产增长相同的，即相对于同期盈余的较低的盈余持续性，且最终导致市场对应计的错误定价。他们还认为应计的低持续性是由会计稳健性原则及新投资的边际报酬递减规律引起的。

应计作为应计制会计的产物，相对于收付实现制的现金流，更易被操控，公司的管理层及会计信息的提供者出于各种目的（如市场交易获利、代理成本等）也更可能操控应计。谢（2001）利用琼斯（1991）模型，扩展了苏巴姆（Subramanyam，1996）及斯隆（1996）的研究，发现应计的低持续性及市场错误定价主要是由异常应计（abnormal accrual）引起的，在控制住非操控性应计的影响后，发现市场对操控性应计（discretionary accrual）错误定价。

管理层对盈余的操控既可能出于通过资本市场交易获利的机会主义动机，也可能出于代理问题考虑。比尼斯和阿斯（Beneish & Vargus,2002）根据应计对应计制盈余的贡献将应计分为增加盈余应计与减少盈余应计，通过内部交易的方向对应计及其组成部分的持续性、市场定价及交易策略的构建展开研究，发现当存在异常内部净卖出的时候，增加盈余应计的持续性显著偏低，反之当存在异常内部净买入的时候，增加盈余应计的持续显著偏高。通过进一步研究发现，存在异常内部净卖出的样本公司存在管理层向上进行盈余管理（做高应计）的现象，基于应计方向及内部交易方向所构建的交易策略的对冲回报显著高于仅仅依靠应计构建的交易策略的对冲回报，即机会主义盈余管理可解释（至少部分解释）应计异象的产生。科塔里等（Kothari et al.，2006）通过研究发现高应计与低应计公司间的应计与回报（当期、前期或后期）、分析师态度、内部交易以及公司投融资活动的关系存在很大的非对称性，即应计与如上述四因素的关系在高应计公司与低应计公司间并未表现为截然相反的表现，并认为高低应计公司间的这种非对称表现是由其代理问题造成，即权益被高估的公司的管理层由于代理成本原因，会通过应计对公司业绩进行调整，进而维持其被高估的现状，而股权被低估的公司则没有动机去维持现状，因此股权高估公司的代理问题导致了应计异象的产生。

基于以上关于应计低持续性的不同解释，理查森等（2006）通过将应计划分为增长部分和效率部分，研究发现会计信息的扭曲（盈余管理及应计低可靠性造成的）以及与应计相关的部分经济特征（如增长信息）等均会造成应计的低持续性。

以上分析说明，应计低持续性既可能是人为操控造成的，也可能是由应计自身的本质决定的。但是，即便同是人为操控造成的应计低持续性或是相同应计本质形成的应计低持续，其程度也可能因市场环境（如市场规制、会计准则、信息披露规则、公司特征以及投资者素质等）的不同而存在差异，因为不同的投资者，或者不同的市场环境的相同的投资者，对相同应计的定价是不一样的。

3.2.2　增长/投资假说

既然同一应计项目的持续性会因市场环境的变化而存在差异，那么应计异象的存在原因就不能或仅仅通过持续性进行解释。同一应计项目在不同样本间的持续性差异说明应计与样本的某些特征是有关系的，或者是应计包含了一定的样本信息。

费尔菲尔德等（2003）发现净经营资产增长较滞后一期盈余能更好地解释应计异象。赫舒拉发等（Hirshleifer et al., 2004）发现在Mishkin检验时加入净经营资产后，并未显著发现市场对应计错误定价。虽然费尔菲尔德等（2003）的研究将应计异象的出现归因为低持续性，赫舒拉发等（2004）也仅仅是为了检验市场是否充分利用了资产负债表的信息，但两者的研究却对应计异象研究的另一重要分支——“增长/投资假说”奠定了基础。

基于低持续性的应计异象研究认为应计具有临时性的特征，即随着时间的变化，应计存在反转的现象。扎卡（Zach，2006）研究发现，近25%存在极端应计的公司在下一年仍存在极端应计，并且伴随着较高的异常回报。同时，他们还发现存在一些在高低应计公司间具有不同表现且不随时间变化而显著变化的与应计有关的公司特征。例如，高应计的公司往往是那些具有较高的过去与未来增长率的公司，低应计的公司往往是那些有较高破产风险的公司。这些特征能导致与极端应计相关的未来异常回报，而这正是应计异象产生的主要原因。张等（Zhang，2007）发现应计的盈余持续性以及包含的与投资、增长有关的信息含量，因不同公司的商业模式差异而在截面分析上存在差异，并且应计异象的程度随着不同公司应计包含的与投资有关的信息含量的增加而增强；与之相反，盈余持续性特征则不能解释截面样本应计异象的差异，即应计异象产生的原因不在于应计的低盈余持续性，而在于其包含了公司基本面上的投资与增长信息。黛邹等（Dechow et al.，2008）在对盈余中现金流部分的持续性及市场定价进行研究时，发现应计异象产生的原因不仅是投资者功能锁定盈余造成的，更是由投资者对新投资报酬递减的错误理解造成的。

虽然以上研究均认为应计所具有或包含的与投资、增长有关的特征或信息能导致基于应计的不同的市场回报，但均是观察与推测，吴等（Wu et al.，2010）则从理论对其进行了分析。他基于托宾Q理论对应计异象进行了解释，认为应计异象源于投资与折现率之间的负相关关系导致的应计与股票回报之间的负相关关系。他们将应计理解为营运资本投资，不同于基于均值—方差的资本资产定价模型，而是从基于投资的资产定价模型出发，并根据托宾投资Q理论模型提出了不同于效用最大化假说的最优投资假说。他们的研究认为公司会根据折现率的变化对投资进行最优调整，当折现率下降时，更多的投资项目变得具有营利性，并导致应计的增加，同时由于较低的折现率意味着更低的预期回报，从而使未来回报随着折现率的下降而下降。上述结论能解释部分应计异象，即应计异象中的应计与异常股票回报之间的负相关关系有一部分是由市场的理性定价造成的。

尽管关于应计异象的产生存在各种不同的解释，但是正如黛邹等（2008）所认为的："关于应计产生原因的各种解释并非相互排斥，而是可以共同存在的"。对应计异象产生原因的不同解释的本质在于对应计特征的不同认识，而应计的特征随着空间（环境）以及时间的不同而不同，如不同资本市场的应计表现各异，即便同一资本市场在不同的发展阶段，随着规制的完善、投资者的成熟以及经济环境的变化，其应计异象的表现也会随之发生变化。

3.3 应计异象持续存在的原因

应计本身特征以及应计（或会计）之外的原因导致应计具有低持续性以及反映公司增长信息的特征，功能锁定假说认为由于幼稚投资者无法分辨上述特征，进而对应计错误定价，由此导致应计异象的产生。但市场上仍存在一部分经验丰富的投资者，他们有能力对应计的异常持续性特征进行识别，并会依此构建交易策略获取超额回报，随着这种套利行为的持续进行，最终应计异象则不会持续发生。埃里等

（Ali et al.，2000）用机构持仓、权益市值以及分析师跟踪作为投资者经验丰富的代理变量，研究发现即便是经验丰富的投资仍然无法消除应计异象，即应计异象是持续存在的。如本章前面所述，这既可能是由套利风险、套利成本（包括交易成本及信息成本等）造成的，也可能由投资者的有限注意力造成的。

马斯瓦拉（Mashruwala et al.，2006）用投资组合的异质风险作为套利风险的替代变量，用股价及交易额作为交易成本的替代变量，发现应计异象主要集中于那些非系统性风险波动大、价格低、成交量小的企业，从而认为交易成本可能成为套利消除应计异象的制约因素。吴等（2010）研究发现，应计最高与最低的两个投资组合存在较大的套利风险，并且应计异象不同程度地存在于高交易成本的股票中。通过引入套利风险及套利成本后的综合模型检验发现由于套利风险及交易成本的存在导致投资者无法消除应计异象。

影响投资者利用应计异象信息进行套利的成本除了交易成本，还有信息成本（既包括投资者对套利信息进行加工、处理的成本，也包括由加工处理信息引起的机会成本）。列夫和尼西姆（Lev & Nissim，2006）认为尽管应计异象得到学术界与实务界的广泛认同，且其意味着市场上存在较大的潜在套利机会，但研究发现，机构投资者很少根据应计构建交易策略，基于应计信息的机构投资者季度持仓变化仅为0.2%～0.3%，比机构季度持仓的总变化的10%还要低。此研究认为由于机构投资者的谨慎性以及对流动性的要求等局限，导致他们不可能按照应计信息构建投资策略，而对个人投资者由于存在很大的信息处理成本以及交易成本导致其也无法按照应计信息构建投资策略。

投资者利用各种会计信息的程度与效率是资本市场会计中的一个重要的、系统性的问题，注意力作为一种有限资源，会影响投资者尤其是个人投资者的股票购买选择，无论是个人投资者还是专业投资者的行为仅受少数资产状况的影响（Barber & Odeanv，2008）。资本市场上可用信息的过载，投资者处理、分析信息能力的局限，甚至投资者的过度自信、激进交易以及追求高回报的行为或心理特征等，都会造成投资者注意力的有限性。赫里弗和特赫（Hirshleifer & Teoh，2003）发现财务报告及信息披露的形式会影响投资者的判断以及定价行为，并提出了应计异象有可能是由投资者的有限注意力而造成的推测。赫舒拉发等（2004）基于心理学的"有限关注假说"认为信息是巨量的，而注意力是有限的，通过研究发现投资者并未充分利用资产负债表提供的信息，而仅将其有限的关注放在历史盈余信息上。

对应计异象持续存在的解释，无论是套利风险还是套利成本，甚至投资者的有限注意力，都很直观并容易被接受，但由于很难度量，尤其是对套利成本及投资者行为的度量，要在学术中对其进行系统、准确的研究却非常困难。

3.4 研究进展与方向

本节按照理查森等（2010）的方法，选取应计异象研究领域内引用率最高的12篇文献作为重要文献，并对应计异象研究的进展进行分析。在一般学术研究中，引用率是采用ISI及SSCI上的数据，但是无论是ISI还是SSCI上的数据都是已经发表并刊登了文章的引用率，尚未录用的文章（working paper）或尚未刊登的文章（forthcoming paper）及其引用率则没有，但这些文献可在SSRN上被方便地查到，同时Google Scholar上则显示了所有文献的引用结果。因此，本章的引用率来自 Google Scholar。

本章先从 SSRN 中搜索 2000 年以后有关应计异象研究的文章，再根据下载次数及引用率分别筛选出排名前 20 的文献，最后在 Google Scholar 搜索这些文献，最后得到引用率最靠前的 12 篇文献作为重要文献，以下为这 12 篇文献：谢红（Xie，2001）；瑞查森等（Richardson et al.，2005）；马斯瓦拉等（Mashruwala et al.，2006）；比尼斯和阿斯（Beneish and Vargus，2002）；费尔费德等（Fairfield et al.，2003）；卡汉（Khan，2008）；张军（Zhang，2007）；迪赛（Desai et al.，2004）；皮卡斯等（Pincus et al.，2007）；吴等（Wu et al.，2010）；力弗和尼斯（Lev and Nissim，2006）；赫里弗等（Hirshleifer et al.，2011）。

应计信息在会计信息占有重要地位，有关应计的研究日益引起学术界的重视。如图 3－1 所示，从 ISI 上得到的数据来看，2000 年有关应计研究的文章篇数为 127 篇，而这一数目到 2010 年已递增为 408 篇，为 2000 年的 3.2 倍，并且每年基本会出现一篇关于应计异象研究的重要文献。

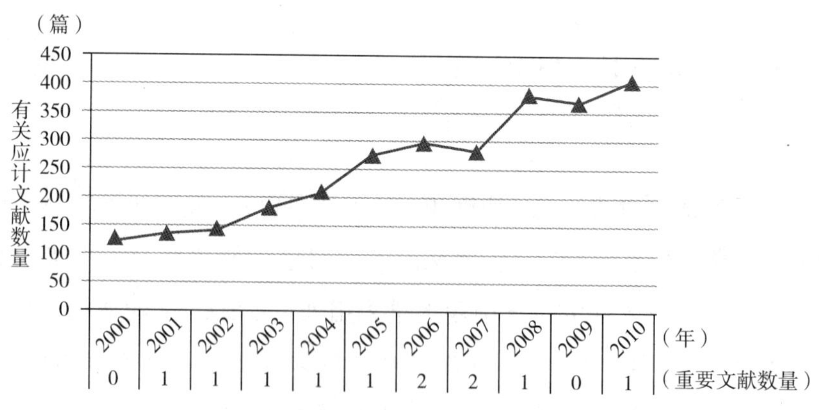

图 3－1　重要文献分布

资料来源：有关应计文献数量数据取自 ISI，重要文献分布数据取自 Google Scholar。

表3－1列示了12篇有关应计异象研究的重要文献的主要研究方向、结论及被引用频率。从中可知：（1）从被引用频率看，被引用频率最高的是谢（2001）以及理查森等（2005）。谢（2001）第一次证明应计异象产生的原因主要是由市场对容易被管理层操纵的可操控应计的错误定价所造成，理查森等（2005）则将斯隆（1996）的研究进行了更深入的探讨，一方面基于资产负债表对应计进行了更广泛的界定；另一方面从数理分析及实证检验两方面证明了可靠性越低的应计，其持续性也越低。这说明应计的低可靠性及易被操控性对资本市场异象的研究具有重要意义，并得到普遍认同。（2）从时间序列上的研究方向分析，2005年前的文献主要研究的是有关应计异象产生原因的话题，并基本都是在承认斯隆（1996）发现的基础上进行更丰富、细致的探讨；而2006年及以后的文献对应计异象的研究则更为深入，一方面对应计异象持续存在的原因进行了初步探讨，另一方面则围绕对定价模型的认识，或对应计异象的存在与否展开讨论，或用不同于低持续性的假设对应计异象产生的原因进行论证。即，2005年之前的文献更倾向于对具体现象的探讨，而2006年及之后的文献则更倾向于从本质上对应计异象进行再认识、再解释。

表3－1　　　　重要文献研究分布及引用频率

年份	关注	结论	引用频率
2001	产生原因	异常应计	51
2002		内部交易	24
2003	属于其他异象	增长异象	23
2004		价值—魅力异象	18
2005	产生原因	低可靠性	49

续表

年份	关注	结论	引用频率
2006	持续存在	套利局限	12
		套利风险及交易成本	24
2007	是否存在	世界范围存在差异	20
	产生原因	增长信息	12
2008	是否存在	存在应计定价因子	21
2010	产生原因	投资	14
2011	是否存在	非风险,是错误定价	9

注：引用频率中文章被引用的初始年份为文章作为工作论文（working paper）初始被引用的年份，而非文章正式被刊登的年份。

目前，学术界对“应计异象”的讨论和研究主要体现在对应计异象是否存在、应计异象产生的原因以及应计异象持续存在的原因这三个方面。其中，对“应计异象”是否存在的解释的关键在于，是否存在一种能解释所谓的“市场错误定价”的与应计有关的定价因子；对应计异象产生原因所解释的关键在于，对应计特征的深入理解，以及对应计在资产定价中的角色的准确把握；对应计异象持续性存在原因所解释的关键在于，对投资者行为与市场套利局限（套利风险与套利成本）的深入观察与分析。

尽管该领域的研究已经取得一定进展，但目前仍存在如下问题有待深入研究：（1）对应计异象的研究仍受资产定价模型本身存在问题的局限，如资产定价的基础究竟是消费者效用最大化还是公司价值最大化，以及究竟影响定价模型的因子有哪些；（2）对应计异象的研究也受行为金融学发展的局限，以及对套利活动认识（如套利风险及成本的度量）的局限；（3）由于市场环境的多样性，基于具体市场特征的应计异象的研究仍有待深入。基于此，未来的研究可着重从如下几个方向展开分析：（1）基于特殊制度背景的应计异象成因分析与解释；（2）应计异象的长期市场表现；（3）利用金融学，尤其是资产定价理论对应计异象的存在性进行解释。

目前，国内针对我国资本市场所进行的应计异象的研究基本均是围绕应计异象的产生原因展开的，李远鹏和牛建军（2007）以我国A股1998～2002年的上市公司为研究对象，用混合样本回归及检验的方法，提出了我国特殊的退市制度是形成我国资本市场应计异象产生的主要原因，但其在对全样本（亏损样本和非亏损样本）回报的套利检验中仍发现存在至少3.2%的回报（超额）的套利空间；宋云玲和李志文（2009）以我国A股1998～2005年的上市公司为研究对象，用法玛和麦克贝思（1973）年度回归的方法，提出股价同步性（或称"同涨同跌"）会影响我国资本市场应计异象产生的程度，同时也提出了在我国资本市场存在应计异象的观点；樊行健等（2009）以我国A股1999～2005年的上市公司为研究对象，指出成长性是导致我国A股应计异象的主要原因；刘斌和杨开元（2011）以我国A股2006～2009年的上市公司为研究对象，用理查森等（2005）等人的方法，提出了估计误差及持续性的不确定性是导致我国资本市场应计异象产生的原因。鉴于国外资本市场应计异象研究的动向以及国内资本市场应计异象研究的现状，本书从回答应计异象在我国资本市场是否存在的问题入手展开研究，然后对应计异象产生的客观原因进行解释，最后对我国资本市场应计异象的市场表现进行检验。本书的后面三章将对以上三个方面的问题逐步进行研究。

第 4 章　基于应计风险角度的应计异象存在性解释

前 3 章对本书研究的背景、思路、理论基础以及相关文献综述进行了阐述，从本章开始，将按第 1 章中提到的研究思路对应计异象展开实证研究、检验，本章首先对应计异象的存在性进行分析、检验。

根据前面的文献分析，斯隆（1996）首次提出了应计异象的存在，引起了学术界与实务界的广泛关注，并由此开创了资本市场与会计信息研究的一个重要领域，此后关于应计异象的研究多是在斯隆（1996）的基础上，对应计异象产生的原因进行深入研究。然而，对资本市场应计异象的研究本质是对资本市场效率的研究、检验，正如以法玛和弗伦奇为代表的学者们所普遍认为的，对资本市场效率的检验，不可避免地存在联合检验的问题，即可能用了一个错误的定价模型对投资者定价的正确与否进行检验。因此，对应计异象产生原因的研究要以对应计异象存在性的研究为基础，即需要先回答应计异象是否存在的问题。

关于应计异象是否存在的争论，主要存在错误定价观与风险观两种解释、错误定价观认为由于众多原因导致市场未能正确对应计定价；风险观认为应计异象的研究存在联合检验的问题，是由对定价模型的误设引起的，即在定价模型中存在能控制住应计风险回报的因子。在国外的有关研究中，部分学者发现应计异象的确是因为模型误设，从而支持了风险观的解释。如卡恩（2008）采用基于跨期资本资产定价模型的四因素模型对该问题进行了实证分析，其中四因素分别为 Fama-French 三因素模型中的 SMB（small minus big）、HML（high minus low）两因子，以及通过对系统风险因子进行拆分得出的与市场组合未来预期回报有关的信息、与市场组合的未来预期股利有关的消息等两因子。卡恩（2008）研究发现，当使用四因素模型对高应计公司平均回报与低应计公司平均回报的横截面差异进行解释时，并未发现两者之间存在显著差异，且用四因素模型计算的应计对冲组合的异常回报虽然在统计上显著，但却仅为 1.6%，远远低于用其他定价模型计算产生的异常回报额，这说明用四因素模型可较好地解释应计异象的大部分错误定价，应计异象很大程度上受到所使用的资产定价模型的影响。另外一些学者的检验却拒绝了模型误设的假设，得到应计异象真实存在的结论，从而支持了错误定价观的解释。如赫舒拉发等（2012）认为卡恩（2008）并未从理论或逻辑上为其新构建的两因子与应计之间的关系进行说明，文章按照 Fama-French 的方法构建了模拟应计的因子，并采用特征—协方差检验的方法对错误定价观与风险观进行了分析，发现是应计特征而非应计因子载荷具有预测回报的能力，说明投资者错误定价了应计，应计异象是现实存在的。

从这些研究中可以发现，基于国外成熟的资本市场环境，学者们对应计异象的存在性问题并未得到一致结论。因此，会产生一个自然的问题是：在我国资本市场中应计异象是否真的存在；如果真的存在，是否也可能源于模型误设？由于我国资本市场发展时间较短、制度法律环境都在不断完善过程中，应计异象的存在性更容易被学者们接受，因此，国内学者对应计异象的研究基本都集中在对应计异象产生原因的探讨上。李远鹏和牛建军（2007）以我国A股1998~2002年的上市公司为研究对象，用混合样本回归及检验的方法，提出了我国特殊的退市制度是形成我国资本市场应计异象产生的主要原因；宋云玲和李志文（2009）以我国A股1998~2005年的上市公司为研究对象，用法玛和麦克贝思（1973）年度回归的方法，提出股价同步性（或称“同涨同跌”）会影响我国资本市场应计异象产生的程度，同时也提出了在我国资本市场存在应计异象的观点；樊行健等（2009）以我国A股1999~2005年的上市公司为研究对象，指出成长性是导致我国A股应计异象的主要原因；刘斌和杨开元（2011）以我国A股2006~2009年的上市公司为研究对象，用理查森等（2005）的方法，提出了估计误差及持续性的不确定性是导致我国资本市场应计异象产生的原因。以上研究均未能显著否认应计异象在我国资本市场的存在，同时，我国学术研究中尚未有从定价模型的角度，对应计异象是由一种系统性风险引起的还是由投资者错误定价引起的研究。基于前述国外学者的研究发现和经验结果，要想对我国应计异象的产生原因进行解释，必须首先拒绝模型误设的前提假设，因此，只有对我国资本市场应计异象研究中的风险观和错误定价观进行综合检验，才能确定我国资本市场中应计异象是否真的存在，本章则试图对此进行实证检验和分析。

本章用经调整后的法玛和弗伦奇（1993）的方法构建模拟应计的风险因子（后面简称“应计因子”），在区别应计特征定价和应计风险定价的基础上，对应计异象的风险观与错误定价观进行检验。在进行研究时，先在不考虑应计风险因子的情况下，对应计异象的存在性进行检验，然后通过构建应计风险因子，在考虑应计风险因子的情况下，对应计异象的存在性进行检验。其中第二步（考虑应计风险因子，对应计异象的存在性进行检验）的关键取决于两个方面：一是怎样构建与应计相关的风险因；二是如何区分应计风险定价与市场错误定价。本书的应计风险因子构建方法为借鉴法玛和弗伦奇（1993）的方法。在如何区分应计风险定价与市场错误定价方面，本章采取两个步骤进行检验：第一步，先在法玛和弗伦奇（1993）的基础上，加入应计风险因子，基于四因素模型估计应计因子与股票回报的 Beta 系数，并将该 Beta 系数定义为应计风险，然后借鉴法玛和麦克贝思（1973）的研究方法，用股票回报对估计的四个因子的回归系数进行进一步回归，如果应计风险对股票回报存在影响，则说明定价模型中遗漏了一个体现应计的因子——这意味着应计异象可能是由模型误设导致的；如果进一步将应计异项本身加入到模型中，发现应计异项能够解释回报，同时应计风险不再能解释股票回报，则说明应计异象不是由模型误设导致的，而是由投资者对应计异项的错误定价导致的，应计异象是真实存在的。第二步，借鉴赫舒拉发等（2012）的方法，先控制应计风险观察回报是否随应计特征的变化而单调变化，然后控制应计特征，如果控制应计特征后回报未能随应计风险的变化而单调变化，则说明应计异象是真实存在的。本章检验结果发现，在股票回报对应计风险的单独回归中，应计风险定价通过了显著性检验，但加入应计异项后却发现，应计风险定价未能通过显著性检验，应计特征却通过了显著性检验，之后按照赫舒拉发等（2012）的方法进行的检验则进一步支持了法玛和麦克贝思（1973）回归的结果，这表明应计异象并不是模型误设导致的，而是由投资者错误定价导致的，应计异象真实存在于我国资本市场中。

本章以我国 A 股的上市公司为研究对象，分析了我国资本市场所谓的“应计异象”，究竟真的是投资者的错误定价，还是由与应计相关的因子的系统性风险引起的。本章的贡献在于，其一，在学术研究中对我国 A 股市场应计异象的风险观与错误定价观进行了实证分析，提供了更多的发展中国家的经验证据，补充了国内外现有的研究成果；其二，具有重要的现实意义和政策启示，在拒绝模型误设基础上发现我国资本市场中的确存在应计异象，这有利于投资者和监管层更清楚认识我国证券市场的效率问题，以便制定合理的制度规则，改善我国证券市场的有效性。本章第一部分对本章的研究设计进行说明，第二部分为本章的实证分析部分，第三部分为结论。

4.1 研究设计

4.1.1 研究方法

本章使用的研究方法，主要包括构建因子的方法和求得四因子风险的方法两个部分。

（1）构建因子的方法。

本章构建因子的方法借鉴法玛和弗伦奇（1993）的思路，即先根据变量某一特征将样本划分不同组合，然后用不同组合回报的差异构建因子。同时，基于中国市场相关数据的特点，本章对划分标准及计算组合回报的方法进行了适当调整。

法玛和弗伦奇（1993）在对规模进行分组时，考虑到 1973 年后纳斯达克公司（规模较小）的数目增长非常快，认为用美国三大交易所的所有公司进行分组，会出现分组点（breakpoint）在时间序列上存在较大波动的情况，因此采用纽交所的公司为分组样本，确定分组点。鉴于此，在按照法玛和弗伦奇（1993）构建因子并对公司进行分组时，要先进行时间序列上的描述性统计分析，然后再确定分组标准。本章在确定样本分组标准之前，先对我国 A 股市场的规模进行分析。

表 4－1 列示了对我国 A 股上市公司 2001～2012 年的规模变异系数及均值中位数之比的结果，通过对我国 A 股公司规模的分析发现，公司的变异系数与均值中位数之比在时间序列上存在逐年变大的趋势：一是均值与中位数之比由 2001 年的约 1.26 增长到 2012 年的 1.99，说明一方面市场中的小市值公司增多，另一方面市场中大市值公司的市值越来越大；二是变异系数由 2001 年的 0.75 增加到 2012 年的 1.49，说明市场中公司规模越来越分散。因此，如果按照规模大小分成两个组合，会产生两个组合均存在组合内规模大的公司与规模小的公司规模差异过大的现象，进而导致：一方面，采用市值加权平均方法计算的组合回报的结果偏小，即偏向于规模大的公司的回报；另一方面，按照规模两等分计算的组合回报的差异偏低。因此本章按规模大小分成 5 个组合，并通过等权重平均的方法计算组合回报，然后根据最小规模组合与最大规模组合的组合回报差构建 SMB。同样，本书基于同样的方法构建 HML（high minus low，用高账市比公司组合的月回报减去低账市比公司组合的月回报）及 CMA（conservative minus aggressive，用低应计公司组合的月回报减去高应计公司组合的月回报）。

表 4－1　　公司规模统计分析

	2001 年	2002 年	2003 年	2004 年	2005 年	2006 年
变异系数	0.75	0.78	0.95	1.19	1.45	1.53
均值/中位数	1.26	1.31	1.43	1.64	1.90	2.03

续表

	2007 年	2008 年	2009 年	2010 年	2011 年	2012 年
变异系数	1.51	2.06	1.80	1.56	1.55	1.49
均值/中位数	1.97	2.46	2.19	1.99	2.04	1.99

（2）求得四因子风险的方法。

四因子风险即是定价模型中四因子的回归系数，其中回归方法为时间序列滚动回归。由于本章的研究涉及个股的四因子系数以及组合的四因子系数，因此其时间序列滚动回归分为个股时间序列滚动回归与组合时间序列滚动回归。

①个股时间序列滚动回归：对 1998 年 5 月 ~2013 年 4 月的年 - 月 - 公司的样本共进行 164103 次时间序列滚动回归，得出年 - 月 - 公司（2001 年 5 月 ~2013 年 4 月）四因子系数（或称因子载荷），其中每个年 - 月 - 公司的四因子的系数由每一个公司计算因子系数当月的前 60 个月（五年）的个股回报及四因子经时间序列回归得到，如果公司前 60 个月的个股回报数据不足 24 个月（两年）则将该公司剔除，并依次进行滚动回归，得到年 - 月 - 公司四因子系数后。

②组合时间序列滚动回归：1998 年 5 月 ~2013 年 4 月的年 - 月 - 组合的样本进行 3240 次组合时间序列滚动回归，得出年 - 月 - 组合（2001 年 5 月 ~2013 年 4 月）四因子系数（或称因子载荷）。其中，组合的构建按照法玛和弗伦奇（1993）的方法，即先对 1998 年 5 月 ~2013 年 4 月的年 - 月 - 公司的样本先进行 164103 次个股时间序列滚动回归，得到 140711 个有效年 - 月 - 公司四因子载荷，再按照应计因子载荷大小按月将样本分成三等份，按照年度规模及应计大小各三等份形成的 9 个组合进行组合，共形成 27 个年 - 月组合。其中，

组合回报为组合内公司－月回报的市值加权平均值。

4.1.2　样本及数据

本章采用的样本检验期间为2001年5月~2013年4月。样本期间之所以从2001年开始，是因为：其一，由于本章采用学术研究中普遍使用的按照净利润与经营活动产生的现金流净额的差额作为应计的度量，且我国从1998年才开始披露现金流量表，因此样本检验期最早只能从1998年开始；其二，由于需要计算滞后一期应计，因此样本检验期需从1999年开始；其三，由于本章采用滚动时间序列回归，需要样本前60个月中至少有24个月有数据，即检验期间又需至少推后两年，因此本章最终检验期从2001年开始。

本章按照以下标准对样本公司进行了筛选：①剔除本年度5月~次年4月相关数据缺失，以及前60个月中相关数据缺失多于36个月的公司；②剔除当年IPO公司；③剔除金融类公司；④剔除次年年报对上一年年报数据调整幅度超过10%的样本。标准（1）因本章采用学术研究中对市场回报率窗口期的通用选择，且需进行时间序列滚动回归；标准（2）因我国IPO的定价制度导致上市公司上市当年的市场表现与其他公司有很大差异。本章对所有变量数据在1%和99%的水平上进行了Winsorize缩尾调整处理，使小于1%分位数（大于99%分位数）的变量，令其值分别等于1%分位数（99%），以控制异常值对研究结论的影响。

4.1.3　变量定义

本章涉及的变量有回报率、应计、Fama-French三因子以及应计模拟因子。

（1）个股回报（R_i）。数据来自 CSMAR 数据库个股交易数据子集，为考虑现金红利再投资的月个股回报率，由于个股月汇报的数值较小，本章中所有个股月汇报率均为百分数，后面将不再进行单独说明。

（2）无风险利率（R_f）。数据来自 CSMAR 数据库汇率利率子集，为月度化无风险利率。

（3）市场组合回报（R_m）。数据来自 CSMAR 数据库综合市场交易数据子集，为总市值加权平均的考虑现金红利再投资的综合月市场回报率。

（4）异常回报率（AR）。本章的异常回报率为持有期股票年度累计异常收益率（AR），累计窗口为 12 个月，从当年 5 月 ~ 次年 4 月，具体计算如公式（4 - 1）所示。

$$AR_{t+1} = \prod^{m=12} (1 + AR_m) - 1 \qquad \text{公式（4 - 1）}$$

其中，AR_m 为股票月度异常回报率，月度异常回报为经市场模型调整的回报。

（5）SMB（small minus big）。为月小规模公司组合回报与大规模公司组合回报的差额，其中规模为每年 4 月底个股规模，数据来自 CSMAR数据库个股交易数据子集，为月个股总市值。

（6）HML（high minus low）。为月高账市比公司组合回报与低账市比公司组合回报的差额，其中账市比中的账面价值和市场价值为每年 12 月底的账目价值和市场价值，账面价值数据来自 CSMAR 数据库资产负债子集，为所有者权益，市场价值数据来自 CSMAR 数据库个股交易数据子集，为月个股总市值。

（7）应计（ACC）。由净利润减去经营活动产生现金流取得，按照斯隆（1996）的方法，用上期末总资产进行标准化处理，净利润数据来自CSMAR数据库利润表子集，为净利润，现金流净额数据来自CSMAR数据库现金流量表子集，为经营活动产生的现金流净额，总资产数据来自 CSMAR 数据库资产负债子集，为总资产。

（8）CMA（conservative minus aggressive）。为低应计公司组合回报与高应计公司组合回报的差额。

4.1.4　研究模型

（1）盈余持续性检验模型。

根据斯隆（1996），本章采用的衡量盈余持续性的模型之一为：

$$NI_{t+1} = \rho_0 + \rho_1 ACC_t + \rho_2 CFO_t + e_{t+1} \qquad \text{模式（4-1）}$$

其中，ρ_1 测量的是应计的盈余持续性，ρ_2 测量的是现金流的盈余持续性。

根据理查森等（2005），为了方便地比较盈余不同组成部分盈余持续性的差异，本章也采用了以下模型衡量盈余的持续性：

$$NI_{t+1} = \rho_0 + \rho_1 NI_t + \rho_2 ACC_t + e_{t+1} \qquad \text{模式（4-2）}$$

其中，ρ_1 测量的是现金流量的盈余持续性，ρ_2 测量的是应计与现金流的盈余持续性之差。

（2）市场定价检验模型。

斯隆（1996）基于 Mishkin 理性预期模型（如果投资能充分区分不同盈余组成部分的持续性差异，那么基于理性预期理论，这些盈余组成部分将与股票异常回报无关）对盈余的组成部分（应计与现金流量）的市场定价进行检验。根据斯隆（1996）本章采用以下模型对市场定价进行检验：

$$AR_{t+1} = \rho_0 + \rho_1 ACC_t + \rho_2 CFO_t + e_{t+1} \qquad \text{公式（4-2）}$$

其中，ρ_1 测量的是应计的异常定价系数，ρ_2 测量的是现金流的异常定价系数。

斯隆在其与理查森等合作的文章理查德森等（Richardson et al.，2005）中，又基于幼稚投资者假说（如果投资者不能充分认识应计不同组成部分的持续性差异，那么这些应计组成部分将与股票异常回报呈现明显的负相关关系），对应计的组成部分的市场定价进行了检验。根据理查森等（2005）本章也采用以下模型对市场定价进行检验：

$$AR_{t+1} = \rho_0 + \rho_1 NI_t + \rho_2 ACC_t + e_{t+1} \qquad \text{公式（4-3）}$$

其中，ρ_1 测量的是现金流量的异常定价系数，ρ_2 测量的是应计与现金流的异常定价系数之差。

（3）四因子模型。

本章估计因子载荷以及进行四因子回归的模型为在 Fama-French 三因子模型的基础上，在解释变量中加入按照法玛和弗伦奇（1993）构建 SMB 与 HML 因子的方法，构建的应计模拟因子。

$$rimrf = \alpha + \rho_1 rmmrf + \rho_2 SMB + \rho_3 HML + \rho_4 CMA + e$$

公式（4-4）

其中，rimrf 是个股回报与市场回报之差，rmmrf 是市场回报与无风险利率之差。ρ_1 测量的是 rmmrf 的风险，ρ_2 测量的是 SMB 的风险，ρ_3 测量的是 HML 的风险，ρ_4 测量的是 CMA 的风险。

（4）风险溢价检验模型。

根据法玛和麦克贝思（1973），对风险的溢价进行的检验，即是用个股回报对定价模型中个股风险因子的回归系数进行再次回归，因此本书对四因子风险与应计的定价的检验模型为：

$$rimrf = \alpha + \rho_1 \beta_{rm-rf} + \rho_2 \beta_{SMB} + \rho_3 \beta_{HML} + \rho_4 \beta_{CMA} + \rho_5 ACC + e$$

公式（4-5）

其中，rmmrf 是个股回报与市场回报之差，rmmrf 是市场回报与无风险利率之差，ACC 是应计。ρ_1 测量的是 rmmrf 的风险溢价，ρ_2 测量的是 SMB 的风险溢价，ρ_3 测量的是 HML 的风险溢价，ρ_4 测量的是 CMA 的风险溢价，ρ_5 测量的是应计的定价系数。

4.2　实证分析

4.2.1　描述性统计

表 4 –2 以及表 4 –3 列示了对四因子进行描述性统计的结果。表 4 –2 对四因子回报的描述性统计显示 CMA 的均值为 0. 16，且通过了显著性检验（t 值为 2. 21），说明新构建的模拟应计的因子具有一定的可行性；表 4 –3 显示 CMA 与 Fama-French 三因子的相关性比较低，与组合超额收益的相关性为 0. 1（0. 08），与 SMB 为 0. 07（0. 05），与 HML 的相关性为 0. 26（0. 24），说明 CMA 并不能被其他三因子所包含与解释。

表 4 –2　四因子描述性统计

项目	样本数	均值	t 值	标准差	中位数
SMB	144	0. 72	7. 59	5. 70	0. 29
HML	144	0. 15	3. 04	3. 02	0. 17
CMA	144	0. 16	2. 21	1. 87	0. 07
rmmrf	144	0. 32	2. 46	8. 45	0. 34

表 4－3　　四因子相关性描述

变量	相关性			
	rmmrf	SMB	HML	CMA
rmmrf	—	0. 04	0. 27	0. 08
SMB	0. 10	—	0. 20	0. 05
HML	0. 35	0. 26	—	0. 23
CMA	0. 10	0. 07	0. 26	-

注：直上三角为 Person 相关系数，左下三角为 Sperman 相关系数。

4. 2. 2　应计异象检验

本小节按斯隆（1996）及理查森等（2005）的方法采用模型（4－1）及模型（4－2）对样本分年度的盈余持续性进行检验，结果列示于表4－4。如果盈余的组成部分应计与现金流具有持续性，则两者用模型（4－1）回归的系数的 t 值应该均通过显著性检验，而两者回归系数的大小则能初步表明两者持续性的大小，如果应计的系数小于现金流的系数，则说明应计的异常定价要低于现金流的异常定价，如果应计的系数大于现金流的系数，则说明应计的异常定价要高于现金流的异常定价。对于模型（4－2），NI 的回归系数代表了现金流的异常定价，而 ACC 的回归系数则代表应计与现金流的异常定价之差，如果 ACC 回归系数为正值，且通过显著性检验，说明应计的异常定价显著大于现金流的异常定价，如果 ACC 回归系数为负值，且通过显著性检验，说明应计的异常定价显著小于现金流的异常定价。

表4-4 盈余持续性检验

模型	年份	截距	CFO	ACC	NI
系数					
理查森(2005)	1999	0.013		-0.091	0.646
	2000	0.004		-0.076	0.779
	2001	-0.016		-0.107	0.703
	2002	-0.004		-0.111	0.699
	2003	-0.004		-0.116	0.786
	2004	-0.005		-0.088	0.775
	2005	-0.018		-0.133	0.765
	2006	0.006		-0.135	0.838
	2007	0.024		-0.112	0.763
	2008	0.000		-0.094	0.526
	2009	0.018		-0.071	0.523
	2010	0.030		-0.070	0.487
	2011	0.018		-0.080	0.546
	2012	0.022		-0.087	0.350
	混合	0.009		-0.099	0.589

续表

模型	年份	截距	CFO	ACC	NI
系数					
斯隆（1996）	1999	0.013	0.646	0.556	
	2000	0.004	0.779	0.703	
	2001	-0.016	0.703	0.596	
	2002	-0.004	0.699	0.588	
	2003	-0.004	0.786	0.670	
	2004	-0.005	0.775	0.687	
	2005	-0.018	0.765	0.633	
	2006	0.006	0.838	0.703	
	2007	0.024	0.763	0.651	
	2008	0.000	0.526	0.433	
	2009	0.018	0.523	0.452	
	2010	0.030	0.487	0.417	
	2011	0.018	0.546	0.466	
	2012	0.022	0.350	0.263	
	混合	0.009	0.589	0.490	

续表

模型	年份	截距	CFO	ACC	NI
t值					
理查森（2005）	1999	4.3		-3.6	19.5
	2000	1.2		-2.4	18.2
	2001	-4.6		-4.4	18.0
	2002	-2.0		-5.3	23.5
	2003	-1.5		-4.7	23.9
	2004	-2.1		-4.0	22.0
	2005	-7.5		-6.2	26.7
	2006	2.3		-4.7	25.1
	2007	8.7		-4.3	21.2
	2008	0.2		-5.6	21.5
	2009	8.3		-3.8	22.2
	2010	17.6		-5.4	28.2
	2011	9.2		-6.6	28.1
	2012	14.9		-7.8	24.6
	混合	13.5		-19.4	82.6

续表

模型	年份	截距	CFO	ACC	NI
t 值					
斯隆（1996）	1999	4.3	19.5	18.9	
	2000	1.2	18.2	17.3	
	2001	-4.6	18.0	15.8	
	2002	-2.0	23.5	20.3	
	2003	-1.5	23.9	19.2	
	2004	-2.1	22.0	18.7	
	2005	-7.5	26.7	20.9	
	2006	2.3	25.1	20.0	
	2007	8.7	21.2	17.6	
	2008	0.2	21.5	17.9	
	2009	8.3	22.2	19.5	
	2010	17.6	28.2	22.9	
	2011	9.2	28.1	23.5	
	2012	14.9	24.6	19.5	

表4-4的结果显示，所有样本的模型（4-1）及模型（4-2）回归的系数除截距外基本都通过显著性检验，所有样本的模型(4-2)回归的ACC的系数均为负值，所有样本的模型（4-1）回归的ACC的系数均小于CFO的系数，这说明盈余组成部分的盈余持续性差异并未因样本及市场状态的不同而不同。

本章采用模型（4－3）及模型（4－4）对投资者基于盈余的定价行为进行检验、分析，结果列示于表4－5。在用模型（4－4）进行的回归分析中，第五行第四列列示的CFO回归系数的t值为－0.009，未能通过显著性检验，说明市场并未对现金流信息错误定价。在用模型（4－3）进行的回归分析中，第五列第三行列示的ACC系数的t值为－4.223，同时，在用模型（4－4）进行的回归分析中，第五行第五列列示的ACC回归系数的t值为－3.248，说明市场对应计信息进行了错误定价。

表4－5　　定价检验

模型	类别	截距	CFO	ACC	NI
理查森（2005）	系数	0.069		－0.282	－0.051
	t值	8.161		－4.223	－0.549
斯隆（1996）	系数	0.066	－0.001	－0.295	
	t值	7.900	－0.009	－3.248	

观察应计十组的组合回报的变化及套利回报的大小，表4－6列示了其组合回报的情况。其中投资组合列对应的应计十个组合，划分标准为对每一年的样本按照应计大小划分十等份，套利为低应计组合回报与高应计组合回报之差；所有回报均为年度购买持有期回报，为由月度回报计算而得；原始回报的月度回报为组合实际月度回报的等权平均值，规模调整回报的月度回报为组合实际月度回报的市值加权平均值，异常回报与规模调整异常回报中的个股月度回报为用市场模型调整后的回报，即先用窗口期（－150天至－30天）的日个股数据用资本资产定价模型求得个股日β值，再用资本资产定价模型求得个股日异常回报，然后求个股月异常回报，用SAS程序进行6288913次回归，得到3692847个有效年－月－日－公司的β值，之所以有效的

仅为3692847，是因为在回归得到的6288913个β值中要扣除股票非交易日的β值，如周末、节日、主观停牌等日期的β值。表4-6的结果说明，无论是原始回报、规模调整回报、异常回报还是规模调整异常回报，各按应计高低划分的十等份的投资组合的组合回报，按照应计由高到低排列，基本呈现由低到高的单调规律。其中套利回报方面，原始回报可取得18.1%的套利回报，规模调整回报可取得17.9%的套利回报，异常回报可取得9.2%的套利回报，规模调整异常回报可取得8.8%的异常回报。

表4-6　　应计十组回报

项目	投资组合	原始回报	规模调整回报	异常回报	规模调整异常回报
均值（%）	应计_高	-0.3	9.8	0.0	8.6
	应计_2	3.7	11.4	3.1	14.1
	应计_3	4.5	19.2	1.9	14.6
	应计_4	5.5	14.3	2.5	12.5
	应计_5	12.1	29.4	6.6	20.0
	应计_6	10.4	20.8	7.1	24.8
	应计_7	16.2	21.3	11.3	14.5
	应计_8	18.8	29.9	12.7	20.7
	应计_9	20.2	31.4	13.7	20.2
	应计_低	17.9	27.7	9.2	17.4
	套利	18.1	17.9	9.2	8.8

续表

项目	投资组合	原始回报	规模调整回报	异常回报	规模调整 异常回报
t 值	应计_高	-0.204	3.224	0.028	3.035
	应计_2	2.347	3.431	1.695	4.120
	应计_3	2.764	4.093	1.098	4.157
	应计_4	3.537	5.655	1.523	3.307
	应计_5	6.383	4.049	3.549	3.716
	应计_6	5.365	4.475	3.417	3.166
	应计_7	7.744	5.263	4.141	4.118
	应计_8	8.886	6.314	4.718	4.885
	应计_9	9.669	6.368	6.620	4.896
	应计_低	8.125	7.468	3.331	4.320

4.2.3　四因子模型检验

如果定价模型中遗漏了 CMA 因子，则加入 CMA 后的四因子模型应该具有较高的拟合度，以及显著的 CMA 因子系数，为了消除公司间差异对回归造成的影响，本章按照法玛和弗伦奇（1993）的观点，分别对按照规模及应计各五等分后形成的 25 个组合进行单独回归，在回归时采用模型（4-5），被解释变量为每个组合内年-

月－公司的回报市值加权平均值，解释变量为年－月四因子，结果列示于表4－7。通过结果可发现，R^2 均接近0.9，拟合度非常高，说明模型中的因子很好地解释了大部分风险因子，四个因子中，通过应计构建的因子CMA的25系数的t值中有19个约等于或大于2，说明CMA对股价具有一定的解释力。此外，在所有相同规模的组合内随着应计的降低，CMA的系数明显呈现由小到大到单调递增的趋势，这在一定程度上说明了应计特征与应计因子载荷具有一定的相关性，间接说明CMA的股价解释力可能是由应计的特征造成的。

表4－7　组合个股四因子回归

规模	应计	系数					R^2
		截距	rmmrf	SMB	HMI	CMA	
1(大)	(高)1	0.013	1.043	-0.040	0.004	-1.009	0.911
1(大)	2	0.013	1.038	-0.012	-0.087	-0.308	0.883
1(大)	3	0.008	1.011	-0.007	0.153	0.033	0.886
1(大)	4	0.009	1.010	-0.062	0.053	0.307	0.924
1(大)	5(低)	0.012	1.042	-0.115	0.074	0.313	0.922
2	(高)1	0.010	1.046	0.397	-0.053	-0.724	0.895
2	2	0.010	1.048	0.501	0.023	-0.061	0.876
2	3	0.009	1.028	0.531	0.056	-0.154	0.879
2	4	0.011	1.006	0.441	-0.060	-0.379	0.867

续表

规模	应计	系数					R^2
		截距	rmmrf	SMB	HMI	CMA	
2	5(低)	0.010	1.069	0.396	-0.088	0.384	0.863
3	(高)1	0.010	1.041	0.625	-0.040	-0.749	0.902
3	2	0.010	1.065	0.583	0.010	-0.117	0.897
3	3	0.009	1.060	0.658	0.047	-0.253	0.895
3	4	0.008	1.070	0.654	0.009	0.001	0.893
3	5(低)	0.012	1.050	0.615	-0.100	0.249	0.890
4	(高)1	0.010	1.030	0.743	-0.075	-0.556	0.908
4	2	0.007	0.999	0.822	0.091	-0.436	0.904
4	3	0.007	1.010	0.834	0.134	-0.223	0.902
4	4	0.010	1.037	0.810	0.145	-0.020	0.892
4	5(低)	0.007	1.010	0.742	-0.018	0.107	0.884
5(小)	(高)1	0.011	1.034	0.976	0.069	-0.616	0.923
5(小)	2	0.008	0.991	0.940	0.091	-0.267	0.924
5(小)	3	0.009	1.057	0.948	-0.126	-0.137	0.940
5(小)	4	0.010	1.068	0.902	-0.035	0.114	0.940
5(小)	5(低)	0.012	1.024	1.065	0.037	0.293	0.942

续表

规模	应计	系数t值				R^2
		rmmrf	SMB	HMI	CMA	
1(大)	(高)1	5.174	33.588	-0.936	1.047	-7.439
2(大)	2	4.702	29.944	-0.246	-1.871	-2.035
3(大)	3	3.171	29.630	-0.147	2.545	1.221
4(大)	4	4.493	37.668	-1.676	1.680	2.623
5(大)	5(低)	5.444	36.911	-2.977	1.910	2.542
2	(高)1	3.777	29.852	8.279	-1.522	-4.729
2	2	3.147	27.015	9.429	1.201	-1.360
2	3	3.043	27.061	10.212	1.505	-1.930
2	4	3.570	26.157	8.378	-1.538	-2.257
2	5(低)	3.223	26.450	7.145	-1.749	2.178
3	(高)1	3.620	29.531	12.947	-1.387	-4.862
3	2	3.638	29.558	11.811	1.098	-1.742
3	3	2.986	28.522	12.927	1.433	-2.555
3	4	2.776	28.455	12.684	1.079	1.005
3	5(低)	4.183	28.612	12.230	-1.945	2.552
4	(高)1	3.630	29.899	15.737	-1.748	-3.692

续表

规模	应计	系数t值				R^2
		rmmrf	SMB	HMI	CMA	
4	2	2.439	28.137	16.903	1.883	-2.815
4	3	2.487	27.860	16.787	2.275	-2.408
4	4	3.383	26.739	15.238	2.295	-1.121
4	5(低)	2.503	26.412	14.171	-1.161	1.641
1(小)	(高)1	4.013	30.479	21.003	1.700	-4.156
2(小)	2	3.175	30.913	21.390	1.975	-2.904
3(小)	3	4.095	36.172	23.661	-2.485	-2.077
4(小)	4	4.363	36.617	22.578	-1.420	1.898
5(小)	5(低)	5.088	35.026	26.578	1.443	2.296

表4-8列示了应计组合的异常回报。其中应计为所有样本按应计大小由低到高划分为五个等份，异常回报为用四因子模型调整后的月度异常回报，即先将所有样本按年度按应计大小划分5个组合，按年度按规模大小划分5个等份，共形成控制规模后的25个应计组合，求得25个组合的市值加权平均月度回报，再用四因子模型求出组合的四因子的系数，最后用求得的系数和四因子模型求得组合的异常回报。表4-8的结果显示，在控制住规模后，应计组合回报并不呈现单调性，现象说明加入应计模拟因子后的定价模型能较好地解释利用应计的套利行为。

表 4 – 8　　组合异常回报

	规模 – 大	规模 – 2	规模 – 3	规模 – 4	规模 – 5
应计 – 高	0.040	0.069	0.084	0.090	0.105
应计 – 2	0.040	0.073	0.080	0.090	0.096
应计 – 3	0.033	0.073	0.085	0.090	0.105
应计 – 4	0.029	0.066	0.085	0.090	0.101
应计 – 低	0.029	0.067	0.080	0.084	0.106

4.2.4 基于个股时间序列滚动回归的风险溢价与应计定价检验

虽然上面描述性统计及全检验期四因子回归的结果说明 CMA 具有较好的回报解释能力，但同时也发现 CMA 的载荷与应计的特征呈现相关性，意味着 CMA 的回报解释能力有可能是由于其与应计的相关性引起的，因此仅通过以上检验并不能对应计异象的风险观解释与错误定价观解释进行定论，还需观察在控制住 CMA 载荷（应计）后应计（CMA 载荷）是否仍具有回报解释能力。

在检验控制 CMA 载荷（应计）后应计（CMA 载荷）是否仍具有回报解释能力时本小节在控制住应计后用四因子载荷对回报进行回归，如果 CMA 因子是一种系统性风险，则其风险会产生溢价，即对其回归系数再进行回归时，系数的系数应该通过显著性检验。如果应计的系数显著，CMA 载荷系数不显著，说明应计异象是现实存在，反之说明并不存在应计异象，进而支持风险观的解释。表 4 – 9 采用模型（4 – 6）对全样本进行回归，被解释变量为个股年度购买持有期回报，由个股月度回报计算而得；四因子载荷为年度四因子载荷，为月度四因子载荷的平均值，月度四因子载荷由对个股进行时间序列滚动回归求得，具体方法为对 1998 年 5 月 ~2013 年 4 月的年 – 月 – 公司的样本共进行 164103 次时间序列滚动回归，得年 – 月 – 公司（2001 年 5 月 ~2013 年 4 月）四因子系数（或称因子载荷），其中每个年 – 月 – 公司的四因子的系数由每一个公司计算因子系数当月的前 60 个月（五年）的个股回报及四因子经时间序列回归得到，如果公司前 60 个月的个股回报数据不足 24 个月（两年）则将该公司剔除，并依次进行滚动回归。得到年 – 月 – 公司四因子系数后，用系数的年度平均值求得年 – 公司的四因子系数，最后用应计、应计因子（CMA）载荷对回报进行回归检验。

表 4 – 9　　　　四因子载荷与应计回归

	β_rmmrf	β_SMB	β_HML	β_CMA	β_ACC
系数	0. 044	0. 139	0. 026	0. 013	–0. 529
t 值	2. 469	9. 797	2. 610	1. 786	–7. 672

表 4 – 9 的结果显示，CMA 载荷的系数为正，说明 CMA 载荷与回报成正向相关关系，ACC 的系数为负说明应计与回报呈现负向相关关系，应计特征的回报影响（ –0. 529）要远大于 CMA 载荷的回报影响（0. 013），说明应计对回报的影响要大于 CMA 对回报的影响。最关键的是，ACC 的系数 t 值为 –7. 672，CMA 载荷的 t 值仅为 1. 786，说明应计能控制 CMA 载荷的回报解释能力，而 CMA 载荷未能有效控制应计的回报解释能力。初步说明应计异象并不是定价模型中遗漏了与应计相关的风险因子造成的，而是由应计特征造成的，即应计异象是由

投资者错误定价了应计特征，即应计异象是现实存在的。

4.2.5 基于组合时间序列滚动回归的回报率分析

为了保证结果的稳健性，本章还使用基于组合的时间序列滚动回归的方法对上面的结果进行分析、检验，并按照以下步骤进行组合时间序列滚动回归：第一步，构造组合，先通过对 1998 年 5 月 ~ 2013 年 4 月的单个公司进行 164103 次时间序列滚动回归求得 14701 个 2001 ~2012 年所有样本公司的每年每月的 CMA 载荷，并将样本公司根据 CMA 载荷大小按月划分为 3 个等组合；再根据 2001 ~ 2012 年公司年度应计大小，将样本公司按共分为 3 个等组合；最后根据应计及 CMA 载荷大小将 2001 ~2012 年每一个月的公司样本分成 9 个的组合。第二步，计算每一组合 2001 ~2012 年每一月的组合四因子系数，利用每月 9 个组合样本前 60 个月（至少有 24 个月的观测值）的组合回报对组合四因子进行 3240 次时间序列回归，即数据窗口为 1998 ~2013 年，得到每月每个组合的四因子载荷，其中 60 个月中每个月每个组合的回报为组合内样本的总市值加权平均回报。第三步，求每一个组合 2001 ~2012 年每个月的截距及四因子载荷的平均值及 t 值，其中 t 值为按照法玛和麦克贝思（1973）的方法计算的值。

表 4 – 10 则列示回归后求得 9 个组合的回报分析，所有回报均为年度购买持有期回报，为由月度回报计算而得；原始回报的月度回报为组合实际月度回报的等权平均值，规模调整回报的月度回报为组合实际月度回报的市值加权平均值，异常回报与规模调整异常回报中的个股月度回报为用市场模型调整后的回报，即先用窗口期（ – 150 天 ~ – 30 天）的日个股数据用资本资产定价模型求得个股日 β 值，

在用资本资产定价模型求得个股日异常回报，然后求个股月异常回报，用SAS程序进行6288913次回归，得到3692847个有效年－月－日－公司的β值，之所以有效的仅为3692847，因为在回归得到的6288913个β值中要扣除股票非交易日的β值，如周末、节日、主观停牌等日期的β值。四因子载荷为年度四因子载荷，为月度四因子载荷的平均值，月度四因子载荷由对个股进行时间序列滚动回归求得，具体方法为对1998年5月～2013年4月的年－月－公司的样本共进行164103次时间序列滚动回归，得年－月－公司（2001年5月～2013年4月）四因子系数（或称因子载荷），其中每个年－月－公司的四因子的系数由每一个公司计算因子系数当月的前60个月（五年）的个股回报及四因子经时间序列回归得到，如果公司前60个月的个股回报数据不足24个月（两年）则将该公司剔除，并依次进行滚动回归。得到年－月－公司四因子系数后，用年－月－公司四因子系数的年度平均值求得年－公司的四因子系数。

表4－10　组合回报率分析

分组		回报率			t值		
		应计_高	应计_中	应计_低	应计_高	应计_中	应计_低
原始异常回报	β－CMA_高	0.058	0.109	0.190	2.516	5.004	5.058
	β－CMA_中	0.038	0.086	0.147	2.078	3.659	6.163
	β－CMA_低	0.034	0.117	0.099	1.642	3.881	4.943
规模调整异常回报	β－CMA_高	0.131	0.179	0.303	3.081	4.515	3.703
	β－CMA_中	0.119	0.134	0.187	2.312	3.469	4.226
	β－CMA_低	0.091	0.172	0.173	3.079	4.319	4.095

续表

分组		回报率			t值		
		应计_高	应计_中	应计_低	应计_高	应计_中	应计_低
原始回报	β－CMA_高	0.098	0.193	0.237	5.063	8.423	10.077
	β－CMA_中	0.089	0.157	0.235	4.925	7.175	9.650
	β－CMA_低	0.087	0.167	0.237	4.803	7.717	10.003
规模调整回报	β－CMA_高	0.163	0.293	0.269	4.784	5.329	6.691
	β－CMA_中	0.148	0.255	0.296	3.758	3.890	5.416
	β－CMA_低	0.132	0.210	0.316	4.185	6.721	5.871

表4－10的结果显示，所有回报的法玛和麦克贝思（1973）的方法计算的36个t值中仅有一个小于2，说明各回报率均通过显著性检验，任何一个CMA载荷组合的任何一种回报，都随着组合内应计的由高到低的变化呈现由低到高的单调变化规律。相反，任何一个应计组合的任何一种回报，都未随着组合内CMA载荷的由高到低的变化呈现显著的单调变化规律。图4－1～图4－8对此提供了更加清楚直观的证据：图4－1显示在同一应计组合随着CMA载荷由高到低的变化，组合原始异常回报并未呈现单调性。4－2显示在同一CMA载荷组合随着应计由高到低的变化，组合原始异常回报明显呈现由低到高的单调递增规律。图4－3与图4－4显示的是用规模调整异常回报进行的分析。图4－5与图4－6显示的是用原始回报进行的分析。图4－7与图4－8显示的是用原始规模回报进行的分析，结果均与图4－1以及图4－2的结果类似。结果说明应计异象并不是定价模型中遗漏了与应计相关的风险因子造成的，而是由应计特征造成的，即应计异象是由投资者错误定价了应计特征，即应计异象是现实存在的。

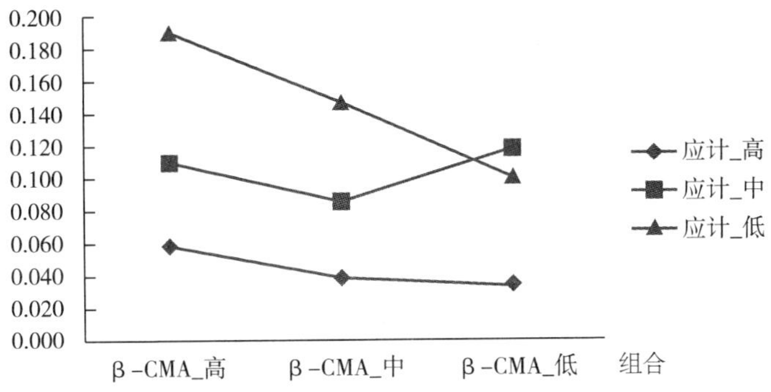

图 4-1 载荷组合原始异常回报

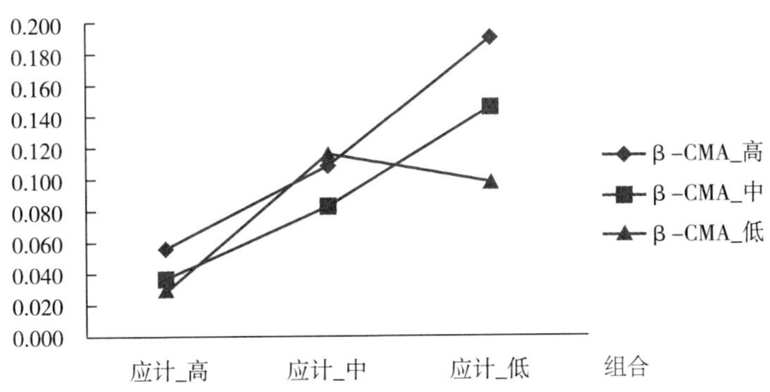

图 4-2 应计组合原始异常回报

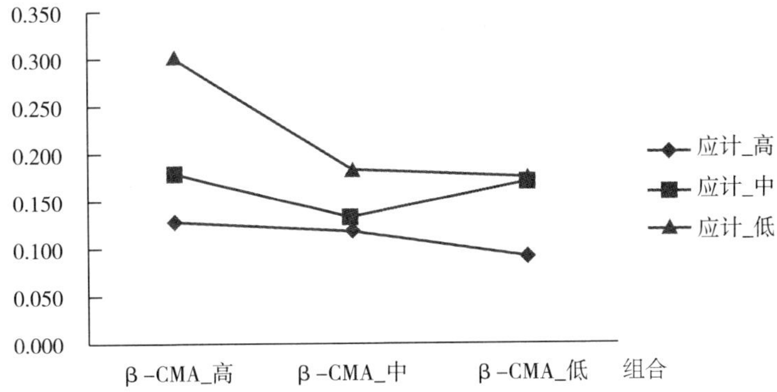

图 4-3 载荷组合规模调整异常回报

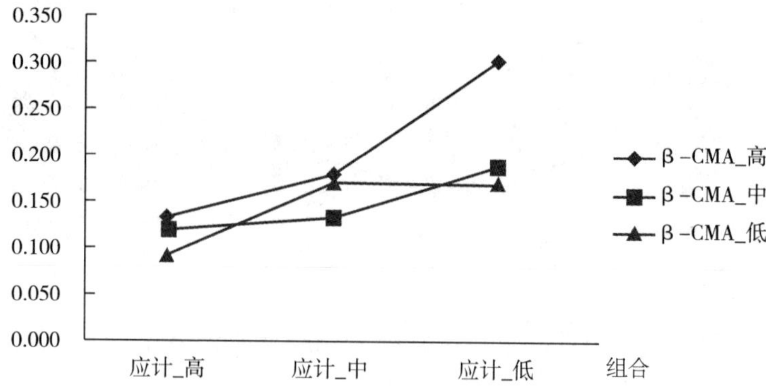

图 4-4 应计组合规模调整异常回报

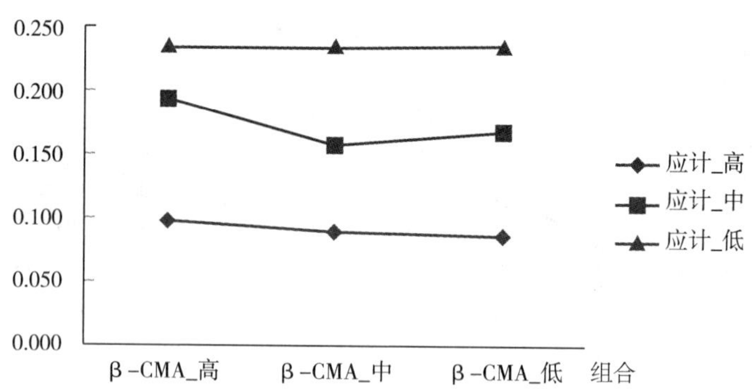

图 4-5 载荷组合原始回报

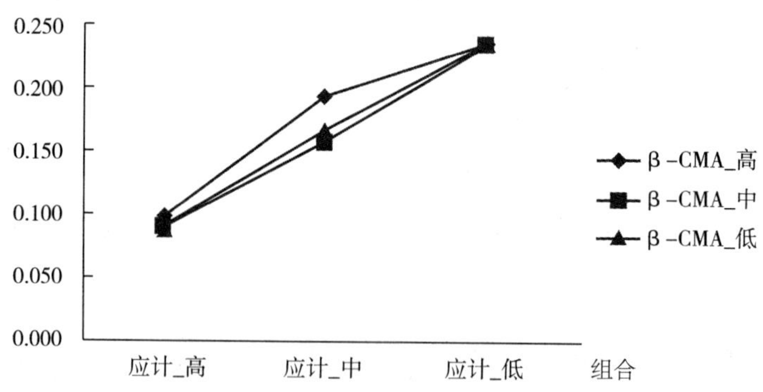

图 4-6 应计组合原始回报

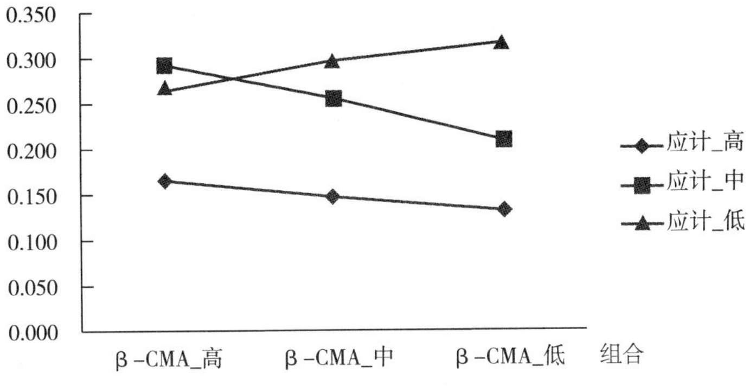

图4-7 载荷组合规模调整回报

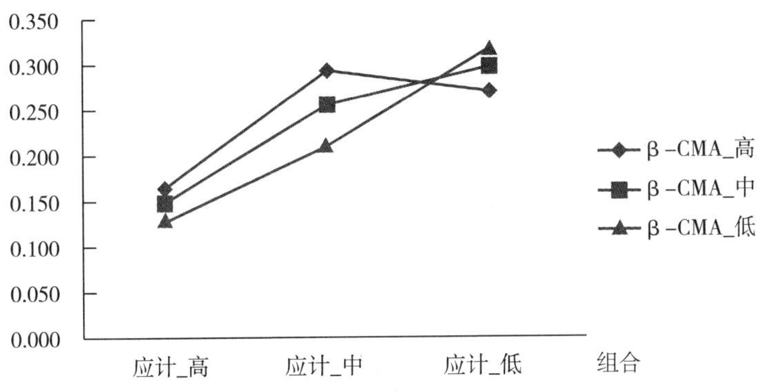

图4-8 应计组合规模调整回报

4.3 结论

本章以我国A股市场的上市公司为研究样本，通过实证方法分析和检验了应计异象的两种不同解释：风险观与错误定价观，以验证以前研究（如李远鹏和牛建军，2007；宋云玲和李志文，2009）所忽略的重要问题：应计异象是否真实存在于我国资本市场中？根据法玛和麦克贝思（1973）和法玛和弗伦奇（1993）的研究，如果在充分控制其他风险及因素的情况下，应计风险仍能较好地解释股票回报，则说明定价模型中遗漏了一个体现应计的风险因子，从而应计异象是由定价模型的误设导致的；但如果加入应计项本身后，应计风险对股票回报不再有影响，且应计项对回报有影响，则说明应计异象是由投资者错误定价导致的，应计异象是真实存在的。本章采取两个步骤和两种不同方法检验上述问题。具体的研究步骤如下：第一步，借鉴法玛和弗伦奇（1993）的方法，将构建的应计因子加入到 Fama - French 三因子模型中，估计应计因子的 Beta 回归系数，并将该系数定义为应计风险。第二步，借鉴法玛和麦克贝思（1973）的方法，将股票回报对应计风险及应计项本身进行回归，通过观察他们与股票回报的关系对两种不同解释进行推断。在第二步中，我们采取个股时间序列滚动和组合时间序列滚动回归方法，结果发现，应计风险与股票回报没有关系，但应计项本身则存在显著关系，这表明，应计异象并不是由模型误设导致的，而是投资者错误定价的结果，应计异象是真实存在于我国证券市场中的。

本章的研究虽然支持了错误定价观，但随之出现一个新的问题，既然应计异象是市场对应计信息的错误定价造成的，意味着市场上存在着基于应计信息的套利空间及机会，那么，为什么应计异象仍然存在呢？本书的第 6 章对此进行了研究。但是在第 6 章的研究之前，我们还需要弄清楚应计异象产生的客观原因是什么，虽然应计异象是由投资者对应计的错误感知造成的，但这只是应计异象产生的主观原因，本书第 5 章将对应计异象产生的客观原因展开研究。

第5章　基于应计特征角度的应计异象产生客观原因分析

“法与金融学”研究表明，投资者更愿意为处于强调保护投资权利法域中的公司融资，即越不成熟的资本市场发展越受到制约，效率就越低。有效资本市场假说认为有效的资本市场是投资者（价格）能及时、正确、充分地对信息作出反应的市场，然而现实中的资本市场并不符合有效资本市场的假说，至少在一定的时域、领域内其表现是不均衡的，在资本市场中存在各种“异象”。第4章的研究说明，应计异象不是定价模型误设造成的学术研究中的一个伪命题，而是由投资者对应计信息的错误定价造成的，即应计异象是由投资者的主观判断失误造成的，那么是什么客观原因导致投资者会对应计错误定价，到底应计具备的什么特征导致投资者的错误定价行为，本章将对此展开研究。

会计信息是投资信息中最基础、最复杂的信息，基于会计信息的市场效率研究构成了资本市场效率研究的重要组成部分，斯隆（1996）在基于会计信息的资本市场效率研究中首次发现了“应计异象”，并认为“应计异象”存在的主要原因是市场未能对应计的盈余持续性正确认识及定价。对应计组成部分盈余持续性的研究无论对会计信息的监管、投资策略的构建、会计信息质量的评价、会计准则质量的评价以及资本市场效率的研究等均具有积极意义。对“应计异象”的研究也有助于帮助投资者降低套利成本，以及减少由噪声投资者造成的套利局限及风险。会计信息的决策有用性，体现为会计信息预测公司价值及与之相应风险的可靠性与准确性，进而有助于投资者做出最优决策。鉴于此，对会计信息与资本市场实证研究的一个重要任务是，解释会计信息的本质特征及其如何能帮助投资者预测公司价值。同样，对于应计异象而言，对会计应计信息与应计市场定价的研究中，很重要的一点就是对应计及其组成本分的本质特征进行解释。对应计按照一定的特征进行深入的分解，有助于对应计本质特征的认识，进而发现应计异象的成因。

斯隆（1996）检验了现金流量与应计在预测未来盈余能力上的差异，发现应计的盈余持续性小于现金流量的盈余持续性；并发现市场没有对其正确识别并正确定价，而只是“功能锁定”在盈余总额上，通过建立基于应计的套利策略，投资者能在未来一年中赚取10%左右的超额回报。谢（2001）主要研究了操控性应计的市场定价问题，其通过Jones模型计算出操控性应计，发现市场对操控性应计项目过高定价，并指出应计的低盈余持续性主要是由应计中的操控性应计项目引起的，且操控性应计的过高定价在通常背景下便会发生，而不仅仅在IPO或增发时才发生。托马斯（Thomas，2002）发现在应计组成部分中，最容易被操控的存货产生的应计部分，是定价错误最严重的应计项目。陈汉文等（2004）采用沪深股市的数据，使用截面Jones模型计算出操控性应计与非操控性应计，发现市场对经营活动现金流量、操控性应计以及非操控性应计进行了单独定价。理查森等（2005）扩大了应计的定义，基于资产负债表项目，将资产负债表中除现金以外其他资产与负债的变化均定义为应计，并将其分为经营性应计（净营运资本的变化）、投资性应计（非流动经营净资产的变化）、融资性应计（净金融资产的变化），再根据可靠性对三部分应计进行进一步分解，研究发现，不同可靠性的应计组成部分盈余持续性存在差异，且市场未能对其正确定价。

上述对盈余组成部分盈余持续性进行研究的文献，或采用基于操控性的应计认识及分解，或采用基于具体盈余项目的应计认识及分解，或采用基于可靠性的应计认识及分解，尚未有文献采用基于权责确认与现金收付异期的应计认识及分解，本章基于权责确认与现金收付的不同期，将应计分为先收付应计 FRA 与后收付应计 LRA，并对各自盈余持续性展开研究。由于目前学术研究中普遍采用的资产负债表法与现金流量表法，无法对其进行区分，因此本章采用现金流量补充资料与资产负债表相结合的方法计算 FRA 与 LRA。本章余下内容安排如下：第一部分为研究假设；第二部分为研究设计；第三部分为实证分析；第四部分为研究结论。

5.1 研究假设

经济学原理告诉我们，竞争的存在使寻租行为趋于消失，即竞争使企业的盈余存在均值回归的特性。考虑竞争的存在，如果企业的当期盈余为 NI_t，后一期盈余为 NI_{t+1}，则：

$$NI_{t+1} = \gamma NI_t + w_{t+1} \qquad \text{公式（5-1）}$$

其中，NI 为随机误差项，$0 < \gamma < 1$，随着竞争越大 γ 的值越小。γ 值为 0（完全自由竞争），盈余的变化遵循均值回归模型；γ 值为 1（完全垄断），盈余的变化遵循随机游走模型。现实中 γ 既不为 0 也不为 1，即企业后一期盈余与当期盈余存在一定联系，即企业的财务盈余业绩具有一定的持续性。

根据斯隆（1996）及理查森（2005），在对现金项目与非现金项目进行计量时，非现金项目存在较大的主观性，现金项目可认为不存在主观性，我们用 TA^* 表示应计的真实值，TA 表示应计观测值，e 表示随机误差项，则 $TA^* = TA + e$，因此，应计 NI 的真实值 NI^* 与应计 TA 及现金流量 CF 的关系可以表示为：$NI^* = TA^* + CF = TA + e + CF$。

由 $NI^*_{t+1} = \gamma NI^*_t + w_{t+1}$

可得：$NI^*_{t+1} = \gamma NI^* t + w_{t+1} = \gamma（TA^*_t + CF）+ w_{t+1} = \gamma（TA_t + e_t + CF_t）+ w_{t+1} = \gamma TA_t + \gamma CF_t + \gamma e_t + w_{t+1}$

那么，$NI_{t+1} + e_{t+1} = \gamma TA_t + \gamma CF_t + \gamma e_t + w_{t+1}$。

即：$NI_{t+1} = \gamma TA_t + \gamma CF_t + \gamma e_t + w_{t+1} - e_{t+1}$，设 $= \gamma e_t + w_{t+1} - e_{t+1} = \varepsilon_{t+1}$ 得：$NI_{t+1} = \gamma TA_t + \gamma CF_t + \varepsilon_{t+1}$。

由于，TA_t 与 ε_{t+1} 都包含 e_t，因此在对 γ 进行回归估计时，将不是无偏的，即对 TA 的系数与 CF 的系数的估计将有偏于 γ，根据格里利克斯（Griliches，1971）和理查森（2005）得：

$$\gamma TA - \gamma = \{-\gamma [var(e)/var(TA)]\} / (1 - \rho 2CF, TA)$$

$$\gamma CF - \gamma = -\rho CF, TA (\gamma TA - \gamma)$$

其中，γTA 表示 TA 的有偏估计，γCF 表示 CF 的有偏估计，var（e）/var（TA）表示 TA 及 e 的方差，ρCF、TA 表示 CF 与 TA 的相关系数，ρCF、TA 值小于 0。

由于 $\gamma CF - \gamma = -\rho CF, TA (\gamma TA - \gamma)$，

可得，$(\gamma CF - \gamma) / (\gamma TA - \gamma) = -\rho CF, TA > 0$，由于 TAt 与 ε_{t+1} 都包含 e_t，且符号相反，因此有偏估计为下偏误。所以，

$$(\gamma CF - \gamma) < 0;$$

$$(\gamma TA - \gamma) < 0$$

得：$(\gamma CF - \gamma) / (\gamma TA - \gamma) = -\rho CF, TA > 0$。

即 $(\gamma + \gamma CF) / (\gamma - \gamma TA) > 0$。

即：$(\gamma + \gamma CF) > (\gamma - \gamma TA)$。即 $\gamma CF < \gamma TA$。

$\gamma CF < \gamma TA$，意味着应计的持续性较现金流量持续性差。

由上面的数理分析可知，应计的盈余持续性之所以小于现金流量的盈余持续性，在于应计较现金流量在计量时存在较大的主观性。斯隆（1996）以及理查森（2005）认为，应计与现金流在盈余持续性上存在不同的特性，原因在于，在对应计及现金流进行估计时，对应计的估计存在更大的主观性，更大主观性代表更低的可靠性，更低可靠性造成更大的计量误差。基于此，本章提出第一个假设：

假设1：应计的盈余持续性小于现金流量的盈余持续性。

权责的确认包括资产、负债、所有者权益的确认与利润类收入、费用、利润的确认两大部分：第一部分是由交易或事项形成的，分商品（服务）的确认（实现）是否发生两种情况，且以商品（服务）的确认（实现）为确认标志；第二部分的确认以所有者权益变化的确认为标志。两部分的确认在时间上可能异期，比如，企业赊购原材料（存货），虽然商品的所有权已转移，但费用（成本）部分的确认则要根据企业生产及销售的情况而定；再如，企业购入固定资产，虽然固定资产已经当期确认，但并未全部当期确认成本，而是采用折旧的方式逐期确认。根据收付实现、收入费用确认、商品（服务）确认（实现）的会计期间的不同，本章又对应计组成部分FRA与LRA进行二级分解。先收付应计FRA可分解为后收入费用确认、后商品（服务）确认（实现）的部分（如预收、预付），以及后收入费用确认、先商品（服务）确认（实现）的部分（如折旧、摊销、付现购买存货等）；后收付应计LRA可分解为后收入费用确认、先商品（服务）确认（实现）的部分（如应付中的赊购存货），以及先收入费用确认、先商品（服务）确认（实现）的部分（如应收以及费用类应付），表5-1对此进行了列示。其中，先收付应计中的购买现货、折旧、摊销、减值等科目基本不存在估计误差，而后收付应计中的应收以及应付（费用）科目由于可以被用来进行盈余操控，具有不稳定的持续性。鉴于先收付应计的估计误差的容易衡量以及后收付应计的不稳定的持续性的特征，本章提出第二个研究假设：

表 5－1　　应计确认表

<table>
<tr><td>现金</td><td rowspan="3">前</td><td colspan="4">后</td><td colspan="4">前</td></tr>
<tr><td>收支</td><td colspan="2">后</td><td colspan="2">前</td><td colspan="4">后</td></tr>
<tr><td>商品</td><td>前</td><td>应付
（赊购存货）</td><td>前</td><td>应收
应付（费用）</td><td>后</td><td>预收
预付</td><td>前</td><td>现购存货；
折旧；
摊销；
减值</td></tr>
</table>

假设 2：先收付应计 FRA 的盈余持续性大于后收付 LRA 应计的盈余持续性，且市场对应计的错误定价主要是由对 LRA 的错误定价引起的。

5.2　研究设计

5.2.1　样本及数据

为了与第 4 章的检验期相统一，本章采用的样本检验期间为 2001 年 5 月 ~2013 年 4 月。其一，由于第 4 章采用学术研究中普遍使用的按照净利润与经营活动产生的现金流净额的差额作为应计的度量，且我国从 1998 年才开始披露现金流量表，因此样本检验期最早只能从 1998 年开始；其二，由于第 4 章需要计算滞后一期应计，因此样本检验期需从 1999 年开始；其三，由于第 4 章采用滚动时间序列回归，需要样本前

60 个月中至少有 24 个月有数据，即检验期间又需至少推后两年，因此本章最终检验期从 2001 年开始。本章按照以下标准对样本公司进行了如下筛选：①剔除本年度 5 月 ~ 次年 4 月相关数据缺失，及前 60 个月至多有 36 个月相关数据缺失的公司；②剔除当年 IPO 公司；③剔除金融类公司；④剔除次年年报对上一年年报数据调整幅度超过 10% 的样本。

标准（1）因本章采用学术研究中对市场回报率窗口期的通用选择，且需进行时间序列滚动回归；标准（2）因我国 IPO 的定价制度导致上市公司上市当年的市场表现与其他公司有很大差异。本章对所有变量数据在 1% 和 99% 的水平上进行了 Winsorize 缩尾调整处理，使小于 1% 分位数（大于 99% 分位数）的变量，令其值分别等于 1% 分位数（99%），以控制异常值对研究结论的影响。

5.2.2 变量定义

本章涉及的变量有回报率与应计，具体包括：

（1）个股回报（Ri），数据来自 CSMAR 数据库汇率个股交易数据子集，为考虑现金红利再投资的月个股回报率，由于个股月汇报的数值较小，本章中所有个股月汇报率均为百分数，后面将不再进行单独说明。

（2）无风险利率（Rf），数据来自 CSMAR 数据库汇率利率子集，为月度化无风险利率。

（3）市场组合回报（Rm），数据来自 CSMAR 数据库综合市场交易数据子集，为总市值加权平均地考虑现金红利再投资的综合月市场回报率。

（4）异常回报率（AR），本章的异常回报率为持有期股票年度累计异常收益率，累计窗口为 12 个月，从当年 5 月 ~ 次年 4 月。

$$AR_{t+1} = \prod^{m=12} (1 + AR_m) - 1 \qquad \text{公式（5-4）}$$

其中，AR_m 为股票月度异常回报率，月度异常回报为经市场模型调整的回报。

（5）FRA 与 LRA，实证中应计的计算方法主要有现金流量表法与资产负债表法两种，但两种方法均无法对应计中的 FRA 与 LRA 进行区分。本章对应计的计算通过现金流量表补充资料与资产负债表相结合的方法。企业对经营活动产生的现金流（即经营活动现金制盈余）的披露，除通过直接法由现金流量表直接披露外，还要在财务报表项目附注中的现金流量表补充资料中通过间接法（即将净利润调节为经营活动产生的现金流量）间接披露。因此 FRA 及 LRA 可由现金流量表补充资料及资产负债表获得。FRA 项目包括：现金流量表补充资料中的资产减值准备（D000102000），固定资产折旧、油气资产折耗、生产性生物资产折旧（D000103000），无形资产摊销（D000104000），长期待摊费用摊销（D000105000）；资产负债表中的预付款项净额（A001112000）、预收款项（A002109000）等各自期末与期初的差额。

FRA 等于预付款项净额（A001112000）期末期初差额减去资产减值准备（D000102000），固定资产折旧、油气资产折耗、生产性生物资产折旧（D000103000），无形资产摊销（D000104000），长期待摊费用摊销（D000105000），以及预收款项（A002109000）等各自期末与期初的差额。

LRA 项目包括：经营性应收项目的减少（D000114000）、经营性应付项目的增加（D000115000）；其中经营性应收项目的减少（D000114000）排除资产负债表中的预付款项净额（A001112000）期末与期初的差额，经营性应付项目的增加（D000115000）排除预收款项（A002109000）期末与期初的差额。

LRA 等于预付款项净额（A001112000）期末期初差额与预付款

项（A002109000）期末期初差额的和，减去经营性应收项目的减少（D000114000）与经营性应付项目的增加（D000115000）。

后文中的 FRA 与 LRA 均按照斯隆（1996）的方法，用上期末总资产进行标准化处理。

5.2.3 检验模型

（1）盈余持续性检验模型。

根据理查森等（2005），为比较盈余不同组成部分盈余持续性的差异，本章采用以下模型对盈余组成部分的盈余持续性进行检验：

$$NI_{t+1} = \rho_0 + \rho_1 NI_t + \rho_2 ACC_t + e_{t+1} \quad \text{模型（5-1）}$$

其中，ρ_1 测量的是现金流量的盈余持续性，ρ_2 测量的是总应计与现金流的盈余持续性之差。

$$NI_{t+1} = \rho_0 + \rho_1 NI_t + \rho_2 FRA_t + \rho_3 OTHTA_t + e_{t+1}$$

模型（5-2）

其中，ρ_1 测量的是盈余中现金流的盈余持续性，ρ_2 测量的是 FRA_t 与现金流的盈余持续性之差。

$$NI_{t+1} = \rho_0 + \rho_1 NI_t + \rho_2 LRA_t + \rho_3 OTHTA_t + e_{t+1}$$

模型（5-3）

其中，ρ_1 测量的是盈余中现金流的盈余持续性，ρ_2 测量的是 LRA_t 与现金流的盈余持续性之差。

$$NI_{t+1} = \rho_0 + \rho_1 NI_t + \rho_2 FRA_t + \rho_3 LRA_t + \rho_4 OTHTA_t + e_{t+1}$$

模型（5-4）

其中，ρ_1 测量的是盈余中现金流的盈余持续性，ρ_2 测量的是 FRA_t 与现金流的盈余持续性之差，ρ_3 测量的是 LRA_t 与现金流的盈余持续性之差。

（2）市场定价检验模型。

斯隆（1996）基于 Mishkin 理性预期模型（如果投资能充分区分不同盈余组成部分的持续性差异，那么基于理性预期理论，这些盈余组成部分将与股票异常回报无关），对盈余的组成部分（应计与现金流量）的市场定价进行检验。之后斯隆在其与理查森等合作的文章瑞查德森等（Richardson et al.，2005）中，又基于幼稚投资者假说（如果投资者不能充分认识应计不同组成部分的持续性差异，那么这些应计组成部分将与股票异常回报呈现明显的负相关关系），对应计的组成部分的市场定价进行了检验。

本章一方面沿用理查森等（2005）的方法，基于幼稚投资者假说对 LRA 与 FRA 的市场定价展开检验；另一方面采用斯隆（1996）与理查森等（2005）的方法构建投资组合检验市场定价。

为验证投资者是否对盈余组成部分持续性的差异作出正确的反应，在模型设定上，将模型（5-1）、模型（5-2）、模型（5-3）、模型（5-4）的因变量 NI_{t+1} 替换为 AR_{t+1}，由此产生以下四个模型。

$$AR_{t+1} = \rho_0 + \rho_1 NI_t + \rho_2 ACC_t + e_{t+1} \qquad \text{模型（5-5）}$$

$$AR_{t+1} = \rho_0 + \rho_1 NI_t + \rho_2 FRA_t + \rho_3 OTHTA_t + e_{t+1} \qquad \text{模型（5-6）}$$

$$AR_{t+1} = \rho_0 + \rho_1 NI_t + \rho_2 LRA_t + \rho_3 OTHTA_t + e_{t+1} \qquad \text{模型（5-7）}$$

$$AR_{t+1} = \rho_0 + \rho_1 NI_t + \rho_2 FRA_t + \rho_3 LRA_t + \rho_4 OTHTA_t + e_{t+1} \qquad \text{模型（5-8）}$$

5.3 实证分析

5.3.1 描述性统计结果

本章对涉及的关键变量进行单变量统计性描述，结果列示于表5-2,AR的均值为-0.06，标准差为0.310，百分位数最小值（25%、中位数、75%、最大值）为-0.528（-0.278、-0.117、0.079、1.105），说明样本公司的平均异常收益率为负值，波动较大，且波动较大主要体现在正值样本上；ACC均值为负值（-0.006），说明样本公司的平均应计为负值，且占总资产的比重很小，仅为0.6%，这一结果与斯隆（1996）相似；FRA为负值（-0.006），说明样本公司先确认的权利小于先确认的义务，其原因可能是企业在购买存货时普遍存在赊账购买行为，即应付项目中明显存在存货赊账。LRA均值为零，说明资源流入流出比例基本相同。

表5-2 关键变量描述性统计

类别	ACC	FRA	LRA	NI	AR
均值	-0.006	-0.006	0.000	0.066	-0.060
标准差	0.085	0.087	0.077	0.063	0.310
最小值	-0.246	-0.252	-0.286	-0.048	-0.528
25%分位数	-0.050	-0.050	-0.034	0.023	-0.278
中位数	-0.013	-0.018	0.001	0.050	-0.117
75%分位数	0.030	0.024	0.036	0.092	0.079
最大值	0.308	0.337	0.269	0.330	1.105

5.3.2 盈余持续性实证检验

本章对盈余持续性的检验采用单变量回归与多变量回归相结合的方法，采用模型（5－1）、模型（5－2）、模型（5－3）、模型（5－4）。在具体回归分析估计各变量系数时，本章沿用法玛和麦克贝思（1973）的方法，先用年度数据横截面回归，再报告回归系数的时间序列平均值，结果列示于表5－3。

表5－3　全样本盈余持续性检验

类别	截距	NI	ACC	OTHACC	FRA	LRA
混合样本检验						
系数	0.011	0.594				
	0.008	0.640	－0.097			
	0.018	0.604		－0.072	0.098	
	0.014	0.637		－0.125		－0.094
	0.017	0.619		－0.099	0.067	－0.065
t值	16.133	71.289				
	10.606	73.099	－15.633			
	22.675	72.357		－15.416	11.375	
	19.869	77.146		－26.170		－11.357
	20.430	71.849		－16.324	6.967	－6.939

续表

类别	截距	NI	ACC	OTHACC	FRA	LRA
法玛-麦克贝思(1973)方法						
系数	0.005	0.683	-0.111			
	0.015	0.659				
	0.017	0.636		-0.079	0.119	
	0.011	0.680		-0.146		-0.117
	0.015	0.659		-0.115	0.077	-0.077
t值	1.215	16.951	-0.111			
	5.942	18.068				
	6.942	18.411		-8.298	2.728	
	3.133	17.227		-5.634		-3.558
	5.942	18.068		-7.544	2.046	-3.888

对于模型（5-1），NI的回归系数代表了现金流的盈余持续性，而ACC的回归系数则代表应计与现金流的盈余持续性之差。如果ACC回归系数为正值，且通过显著性检验，说明应计的盈余持续性显著大于现金流的盈余持续性，如果ACC回归系数为负值，且通过显著性检验，说明应计的盈余持续性显著小于现金流的盈余持续性。

对于模型（5-2），NI的回归系数代表了现金流与LRA的盈余持续性之和，而FRA的回归系数则代表FRA与现金流及LRA的盈余持续性之差，如果FRA回归系数为正值，且通过显著性检验，说明FRA的盈余持续性显著大于现金流及LRA的盈余持续性，如果FRA

回归系数为负值，且通过显著性检验，说明 FRA 的盈余持续性显著小于现金流及 LRA 的盈余持续性。

对于模型（5－3），NI 的回归系数代表了现金流与 FRA 的盈余持续性之和，而 LRA 的回归系数则代表 LRA 与现金流及 FRA 的盈余持续性之差，如果 LRA 回归系数为正值，且通过显著性检验，说明 LRA 的盈余持续性显著大于现金流及 FRA 的盈余持续性，如果 LRA 回归系数为负值，且通过显著性检验，说明 LRA 的盈余持续性显著小于现金流及 FRA 的盈余持续性。

对于模型（5－4），NI 的回归系数代表了现金流的盈余持续性，LRA 的回归系数则代表 LRA 与现金流的盈余持续性之差，如果 LRA 回归系数为正值，且通过显著性检验，说明 LRA 的盈余持续性显著大于现金流的盈余持续性，如果 LRA 回归系数为负值，且通过显著性检验，说明 LRA 的盈余持续性显著小于现金流的盈余持续性，FRA 的回归系数则代表 FRA 与现金流的盈余持续性之差，如果 FRA 回归系数为正值，且通过显著性检验，说明 FRA 的盈余持续性显著大于现金流的盈余持续性，如果 FRA 回归系数为负值，且通过显著性检验，说明 FRA 的盈余持续性显著小于现金流的盈余持续性。

表 5－3 第一个回归为盈余的简单自回归，结果与之前文献相同，盈余存在以 0.594 的持续性系数缓慢均值回归的特性；第二个回归采用模型（5－1），ACC 的系数为负值（－0.097），且统计上显著（t 值为－15.633），说明应计的持续性小于现金流的持续性，与先前文献研究结果一致；第三个回归采用模型（5－2），FRA 的系数为负值（0.098），且统计上显著（t 值为 11.375），说明 FRA 的持续性大于利润中非 FRA 部分的持续性；第四个回归采用模型（5－3），LRA 的系数为正值（－0.094），且统计上显著（t 值为－11.357），说明 LRA 的持续性小于利润中非 LRA 部分的持续性，

这可能说明 LRA 的持续性与营利润中非 ACC 部分（现金流部分）的持续性相近，即统计上归零检验不显著，且 LRA 的持续性小于 FRA 的持续性；第五个回归采用模型（5－4），FRA 的系数为负值（0.067），且统计上显著（t 值为 6.967），LRA 的系数为负值（－0.065），统计上显著（t 值为－6.939），说明与利润中非 ACC 部分（现金流部分）在持续性上相比，LRA 的持续性低。以上结果支持了本章的假设 1 与假设 2。

表 5－4 提供了 2001～2012 年分年度样本的盈余持续性检验，结果支持前面所列示的表 5－3 的结果，同时表 5－3 还提供了基于表 5－4的法玛和麦克贝思（1973）方法的回归结果，结果也支持了前面所述的表 5－3 的结果。

表 5－4　　分年度样本盈余持续性检验

年度	类别	截距	NI	ACC	OTHACC	FRA	LRA
2001	系数	0.002	0.544				
		－0.006	0.663	－0.187			
		0.013	0.556		－0.090	0.239	
		0.003	0.693		－0.261		－0.286
		0.007	0.654		－0.209	0.109	－0.227
2002		0.002	0.639				
		－0.003	0.716	－0.143			
		0.016	0.641		－0.123	0.211	
		0.006	0.715		－0.219		－0.153
		0.014	0.661		－0.154	0.171	－0.070

续表

年度	类别	截距	NI	ACC	OTHACC	FRA	LRA
2003	系数	0. 003	0. 740				
		-0. 005	0. 814	-0. 176			
		0. 019	0. 721		-0. 120	0. 312	
		0. 004	0. 818		-0. 280		-0. 255
		0. 015	0. 756		-0. 182	0. 235	-0. 129
2004		-0. 003	0. 776				
		-0. 006	0. 814	-0. 090			
		0. 018	0. 730		-0. 031	0. 375	
		0. 000	0. 837		-0. 199		-0. 285
		0. 015	0. 759		-0. 084	0. 302	-0. 132
2005		-0. 012	0. 717				
		-0. 018	0. 769	-0. 127			
		0. 003	0. 701		-0. 118	0. 196	
		-0. 007	0. 762		-0. 219		-0. 127
		0. 002	0. 707		-0. 132	0. 182	-0. 034
2006		0. 013	0. 768				
		0. 006	0. 826	-0. 136			
		0. 019	0. 767		-0. 077	0. 078	
		0. 013	0. 809		-0. 147		-0. 137
		0. 013	0. 809		-0. 146	0. 001	-0. 136

续表

年度	类别	截距	NI	ACC	OTHACC	FRA	LRA
2007	系数	0. 028	0. 749				
		0. 023	0. 804	-0. 113			
		0. 025	0. 787		-0. 095	-0. 090	
		0. 031	0. 753		-0. 050		0. 024
		0. 024	0. 797		-0. 114	-0. 108	-0. 031
2008		0. 001	0. 508				
		-0. 002	0. 553	-0. 087			
		0. 004	0. 542		-0. 083	0. 025	
		0. 003	0. 550		-0. 095		-0. 029
		0. 004	0. 547		-0. 091	0. 017	-0. 023
2009		0. 021	0. 506				
		0. 018	0. 551	-0. 079			
		0. 025	0. 535		-0. 068	0. 036	
		0. 023	0. 549		-0. 088		-0. 031
		0. 024	0. 540		-0. 075	0. 028	-0. 016
2010		0. 031	0. 528				
		0. 027	0. 558	-0. 072			
		0. 031	0. 547		-0. 054	0. 018	
		0. 030	0. 553		-0. 070		-0. 048
		0. 030	0. 554		-0. 072	-0. 007	-0. 051

续表

年度	类别	截距	NI	ACC	OTHACC	FRA	LRA
2011	系数	0. 012	0. 675				
		0. 011	0. 707	-0. 085			
		0. 012	0. 689		-0. 063	-0. 034	
		0. 014	0. 691		-0. 068		-0. 043
		0. 012	0. 703		-0. 086	-0. 065	-0. 066
2012		0. 016	0. 411				
		0. 016	0. 423	-0. 035			
		0. 020	0. 417		-0. 032	0. 060	
		0. 018	0. 426		-0. 051		-0. 032
		0. 020	0. 418		-0. 036	0. 056	-0. 010
2001	t 值	0. 363	9. 159				
		-1. 062	10. 384	-4. 347			
		2. 627	10. 062		-3. 166	5. 163	
		0. 545	12. 547		-8. 893		-6. 483
		1. 398	11. 204		-5. 336	2. 023	-4. 283
2002		0. 739	17. 400				
		-1. 120	18. 233	-4. 900			
		4. 941	18. 184		-5. 937	5. 776	
		2. 206	20. 510		-9. 975		-4. 483
		4. 240	17. 873		-5. 667	3. 998	-1. 766

续表

年度	类别	截距	NI	ACC	OTHACC	FRA	LRA
2003	t值	1.288	19.987				
		-1.616	21.392	-6.319			
		7.179	21.561		-6.581	9.828	
		1.819	24.214		-14.244		-8.378
		5.258	21.848		-7.258	6.120	-3.568
2004		-1.075	20.129				
		-2.267	20.499	-3.651			
		6.461	20.389		-1.769	12.002	
		0.085	23.019		-10.984		-9.298
		5.046	20.857		-3.769	8.225	-3.757
2005		-4.989	22.368				
		-6.732	23.147	-5.175			
		1.219	23.082		-6.721	6.869	
		-3.198	25.531		-13.182		-4.008
		0.832	22.811		-5.838	5.617	-0.950
2006		5.228	22.385				
		2.068	22.733	-4.406			
		6.158	22.368		-3.394	2.144	
		5.187	23.647		-6.343		-3.957
		3.918	22.278		-4.759	0.035	-3.312

续表

年度	类别	截距	NI	ACC	OTHACC	FRA	LRA
2007	t值	11. 492	21. 323				
		8. 441	21. 725	-4. 389			
		8. 501	21. 840		-5. 873	-3. 129	
		12. 370	21. 581		-3. 176		0. 901
		7. 732	21. 272		-4. 443	-3. 149	-0. 970
2008		0. 344	18. 779				
		-0. 797	19. 486	-4. 778			
		1. 424	19. 889		-5. 598	0. 846	
		1. 166	20. 183		-6. 144		-1. 013
		1. 267	19. 520		-5. 030	0. 519	-0. 761
2009		9. 349	19. 943				
		7. 336	19. 690	-3. 708			
		9. 365	20. 478		-4. 404	1. 350	
		10. 399	21. 352		-5. 584		-1. 111
		8. 880	19. 535		-3. 559	0. 915	-0. 501
2010		18. 766	28. 642				
		15. 256	29. 169	-5. 188			
		17. 047	29. 161		-4. 884	0. 883	
		18. 677	29. 707		-6. 221		-2. 348
		15. 322	29. 090		-5. 203	-0. 313	-2. 196

续表

年度	类别	截距	NI	ACC	OTHACC	FRA	LRA
2011	t值	5.631	28.626				
		5.098	29.599	-5.994			
		5.258	29.303		-5.476	-1.414	
		6.667	29.392		-5.645		-2.009
		5.044	29.336		-6.109	-2.445	-2.832
2012		9.863	24.166				
		9.796	23.915	-2.441			
		10.319	23.938		-2.810	2.513	
		10.557	24.639		-4.175		-1.467
		10.311	23.664		-2.519	2.076	-0.393

5.3.3 市场定价实证检验

(1) 基于幼稚投资者假说构建模型检验。

根据幼稚投资者假说，如果市场能正确分辨盈余、应计及其组成部分的持续性，则他们与异常收益率不存在相关关系；反之，如果投资者不能正确分辨应计及其组成部分的盈余持续性，则由于应计的低持续性，他们与异常收益率之间存在显著的负相关关系。本章对市场定价模型参数的估计采用与对持续性检验模型参数估计相同的方法，共进行四步回归，按顺序分别采用模型（5－5）、模型（5－6）、模型（5－7）、模型（5－8）进行 OLS 回归分析，结果列示于表 5－5。

表 5－5　　全样本定价检验

类别	截距	NI	ACC	OTHACC	FRA	LRA
混合样本检验						
系数	0.045	0.270				
	0.042	0.304	－0.071			
	0.050	0.234		0.076	0.118	
	0.045	0.304		－0.050		－0.324
	0.043	0.315		－0.067	－0.044	－0.343
t 值	11.936	6.027				
	10.689	6.381	－2.093			
	11.191	5.045		2.925	2.482	
	11.748	6.642		－1.867		－7.041
	9.320	6.590		－1.976	－0.822	－6.639

续表

类别	截距	NI	ACC	OTHACC	FRA	LRA
法玛 - 麦克贝思(1973)方法						
系数	0.035	0.332	-0.124			
	0.033	0.353				
	0.046	0.242		0.082	0.122	
	0.039	0.312		-0.052		-0.357
	0.033	0.353		-0.116	-0.114	-0.428
t值	0.735	1.462	-0.124			
	0.677	1.576				
	0.979	1.125		1.550	1.325	
	0.854	1.428		-0.977		-3.422
	0.677	1.576		-1.483	-0.912	-3.257

在具体回归分析估计各变量系数时，本章沿用法玛和麦克贝思（1973）的方法，先用年度数据横截面回归，再报告回归系数的时间序列平均值，结果列示于表5-5。对于模型（5-5），NI的回归系数代表了现金流的异常定价，而ACC的回归系数则代表应计与现金流的异常定价之差。如果ACC回归系数为正值，且通过显著性检验，说明应计的异常定价显著大于现金流的异常定价，如果ACC回归系数为负值，且通过显著性检验，说明应计的异常定价显著小于现金流的异常定价。对于模型（5-6），NI的回归系数代表了现金流与LRA的异常定价之和，而FRA的回归系数则代表FRA与现金流及LRA的

异常定价之差，如果 FRA 回归系数为正值，且通过显著性检验，说明 FRA 的异常定价显著大于现金流及 LRA 的异常定价，如果 FRA 回归系数为负值，且通过显著性检验，说明 FRA 的异常定价显著小于现金流及 LRA 的异常定价。对于模型（5－7），NI 的回归系数代表了现金流与 FRA 的异常定价之和，而 LRA 的回归系数则代表 LRA 与现金流及 FRA 的异常定价之差，如果 LRA 回归系数为正值，且通过显著性检验，说明 LRA 的异常定价显著大于现金流及 FRA 的异常定价；如果 LRA 回归系数为负值，且通过显著性检验，说明 LRA 的异常定价显著小于现金流及 FRA 的异常定价。对于模型（5－8），NI 的回归系数代表了现金流的异常定价，LRA 的回归系数则代表 LRA 与现金流的异常定价之差，如果 LRA 回归系数为正值，且通过显著性检验，说明 LRA 的异常定价显著大于现金流的异常定价；如果 LRA 回归系数为负值，且通过显著性检验，说明 LRA 的异常定价显著小于现金流的异常定价，FRA 的回归系数则代表 FRA 与现金流的异常定价之差；如果 FRA 回归系数为正值，且通过显著性检验，说明 FRA 的异常定价显著大于现金流的异常定价；如果 FRA 回归系数为负值，且通过显著性检验，说明 FRA 的异常定价显著小于现金流的异常定价。

表 5－5 的结果列示：第一步回归采用模型（5－5），其中 ACC 的系数为－2.093，t 值为－4.518，且通过显著性检验，说明市场对 ACC 错误定价；第二步回归采用模型（5－6），其中 FRA 的系数为正，说明并未发现市场对 FRA 错误定价；第三步回归采用模型（5－7），其中 LRA 的系数为－0.324，t 至为－7.041，通过显著性检验，市场对 LRA 未错误定价；第四步回归采用模型（5－8），FRA 的系数也未能通过显著性检验（t 值为－0.0822），说明异常收益与 FRA 无关，通过 FRA 不可能获得异常收益，LRA 的系数为负值（－0.343），且通过显著性检验（t 值为－6.639），说明通过 LRA 能获得异常收益。

通过此部分的分析，说明市场对 ACC、LRA 错误定价，未发现市场对 FRA 错误定价。此后进行的分年度样本检验，以及用法玛和麦克贝思（1973）方法进行的回归与检验也得到了相同的结论，结果列示在表 5 -6。

表 5 -6　　分年度样本定价检验

年度	类别	截距	NI	ACC	OTHACC	FRA	LRA
2001	系数	0.050	0.182				
		0.050	0.175	0.011			
		0.056	0.144		0.067	0.164	
		0.049	0.228		-0.040		-0.167
		0.053	0.192		0.008	0.100	-0.112
2002		-0.075	0.772				
		-0.088	0.947	-0.327			
		-0.063	0.747		-0.040	0.214	
		-0.071	0.884		-0.266		-0.562
		-0.078	0.929		-0.321	-0.145	-0.633
2003		-0.078	0.864				
		-0.095	1.019	-0.369			
		-0.085	0.893		-0.040	-0.157	
		-0.080	0.924		-0.129		-0.378
		-0.107	1.074		-0.366	-0.568	-0.682
2004		-0.113	1.460				
		-0.123	1.578	-0.273			
		-0.088	1.368		0.096	0.482	
		-0.111	1.562		-0.261		-0.884
		-0.112	1.566		-0.267	-0.016	-0.892

续表

年度	类别	截距	NI	ACC	OTHACC	FRA	LRA
2005	系数	-0.037	0.788				
		-0.041	0.825	-0.089			
		-0.007	0.634		0.190	0.575	
		-0.041	0.838		-0.219		-0.831
		-0.026	0.754		-0.085	0.280	-0.687
2006		0.035	-0.752				
		0.016	-0.595	-0.366			
		0.027	-0.793		0.369	-0.038	
		0.017	-0.620		0.089		-0.858
		-0.021	-0.413		-0.256	-0.733	-1.237
2007		-0.052	1.015				
		-0.062	1.110	-0.196			
		-0.070	1.096		-0.037	-0.250	
		-0.055	1.017		0.032		-0.070
		-0.079	1.187		-0.213	-0.416	-0.284
2008		0.409	-0.658				
		0.423	-0.858	0.389			
		0.437	-0.795		0.240	0.636	
		0.406	-0.723		0.151		0.131
		0.444	-0.880		0.374	0.785	0.395

续表

年度	类别	截距	NI	ACC	OTHACC	FRA	LRA
2009	系数	0. 223	-0. 307				
		0. 200	-0. 002	-0. 542			
		0. 215	-0. 153		-0. 309	-0. 248	
		0. 229	-0. 172		-0. 315		-0. 259
		0. 203	-0. 008		-0. 541	-0. 501	-0. 519
2010		0. 146	-0. 323				
		0. 147	-0. 325	0. 005			
		0. 146	-0. 358		0. 100	-0. 025	
		0. 145	-0. 343		0. 056		-0. 194
		0. 138	-0. 315		0. 000	-0. 161	-0. 273
2011		-0. 028	0. 151				
		-0. 027	0. 117	0. 089			
		-0. 030	0. 126		0. 118	0. 034	
		-0. 031	0. 141		0. 093		-0. 073
		-0. 031	0. 141		0. 093	0. 000	-0. 073
2012		0. 014	0. 062				
		0. 015	-0. 002	0. 182			
		0. 010	-0. 011		0. 228	0. 076	
		0. 010	0. 007		0. 180		-0. 138
		0. 010	0. 005		0. 183	0. 011	-0. 133

续表

年度	类别	截距	NI	ACC	OTHACC	FRA	LRA
2001	t值	3.652	1.172				
		3.479	1.015	0.097			
		3.822	0.902		0.825	1.229	
		3.572	1.399		-0.457		-1.279
		3.467	1.109		0.072	0.621	-0.715
2002		-7.498	5.883				
		-8.169	6.674	-3.110			
		-5.066	5.439		-0.498	1.502	
		-7.112	6.666		-3.189		-4.323
		-6.105	6.524		-3.075	-0.877	-4.139
2003		-9.369	7.235				
		-10.272	8.194	-4.056			
		-8.650	7.329		-0.597	-1.357	
		-9.584	7.665		-1.832		-3.488
		-10.128	8.599		-4.046	-4.102	-5.227
2004		-10.350	9.042				
		-10.658	9.445	-2.637			
		-6.747	8.327		1.212	3.356	
		-10.276	9.774		-3.277		-6.559
		-8.237	9.460		-2.624	-0.098	-5.600

续表

年度	类别	截距	NI	ACC	OTHACC	FRA	LRA
2005	t值	-2.981	4.843				
		-3.006	4.828	-0.704			
		-0.483	3.767		1.942	3.636	
		-3.255	5.166		-2.428		-4.828
		-1.635	4.412		-0.683	1.569	-3.527
2006		2.200	-3.524				
		0.835	-2.601	-1.879			
		1.407	-3.664		2.572	-0.167	
		1.068	-2.877		0.611		-3.938
		-0.998	-1.819		-1.332	-2.734	-4.806
2007		-3.393	4.616				
		-3.576	4.752	-1.206			
		-3.648	4.784		-0.360	-1.366	
		-3.470	4.600		0.324		-0.410
		-3.902	4.983		-1.305	-1.903	-1.386
2008		26.579	-4.151				
		26.826	-5.136	3.619			
		24.694	-4.879		2.716	3.529	
		26.193	-4.410		1.621		0.766
		24.734	-5.259		3.476	4.080	2.177

续表

年度	类别	截距	NI	ACC	OTHACC	FRA	LRA
2009	t 值	19. 624	-2. 389				
		16. 517	-0. 017	-5. 015			
		15. 643	-1. 133		-3. 885	-1. 794	
		20. 077	-1. 292		-3. 886		-1. 813
		14. 270	-0. 058		-4. 999	-3. 138	-3. 149
2010		13. 454	-2. 630				
		12. 328	-2. 527	0. 049			
		11. 754	-2. 832		1. 360	-0. 182	
		13. 310	-2. 729		0. 740		-1. 421
		10. 481	-2. 453		-0. 002	-1. 015	-1. 736
2011		-3. 458	1. 636				
		-3. 290	1. 236	1. 593			
		-3. 304	1. 351		2. 612	0. 350	
		-3. 694	1. 515		1. 930		-0. 857
		-3. 353	1. 483		1. 658	0. 002	-0. 782
2012		1. 456	0. 635				
		1. 529	-0. 019	2. 233			
		0. 508	0. 108		2. 264		
		0. 883	-0. 107		3. 431	0. 548	
		0. 950	0. 068		2. 583		-1. 094
		0. 872	0. 052		2. 251	0. 069	-0. 948

（2）构建投资组合检验。

为了保证结果的稳健性，本章又采用斯隆（1996）与理查森等（2005）的方法构建投资组合，将样本每年按 ACC、LRA、FRA 大小顺序排列，并分成十等份，再将所有年份相同序列样本的 AR 求平均值，结果列示于表 5－7。通过买入 ACC 最高的组并卖出 ACC 最低的组构建的套利组合能获得 9.2%、6.1%、18.1%、19.8% 的原始异常回报、规模异常回报、原始回报、规模调整回报；通过买入 FRA 最高的组并卖出 LRA 最低的组构建的套利组合能获得 2.0%、6.1%、0.8%、7.2% 的原始异常回报、规模异常回报、原始回报、规模调整回报；通过买入 LRA 最高的组并卖出 LRA 最低的组构建的套利组合能获得 16.2%、14.6%、21.9%、26.4% 的原始异常回报、规模异常回报、原始回报、规模调整回报以上结果与本章基于幼稚投资者假说构建模型的检验结果相一致，说明市场对 ACC 的错误定价主要是由 LRA 引起的。

表 5－7　　应计套利回报

应计	计算方法	回报率(%)			t 值		
		FRA	LRA	ACC	FRA	LRA	ACC
套利	原始异常	2.0	16.2	9.2	13.6	3.8	4.2
	规模异常	6.1	14.6	6.1	0.0	14.2	12.6
	原始回报	0.8	21.9	18.1	10.3	5.2	4.5
	规模调整	7.2	26.4	19.8	4.2	0.2	9.0

续表

应计	计算方法	回报率(%)			t值		
		FRA	LRA	ACC	FRA	LRA	ACC
高	原始异常	5.5	-0.4	0.0	2.9	-0.3	0.0
2		11.1	1.1	3.1	3.3	0.7	1.7
3		3.7	4.3	1.9	2.0	2.4	1.1
4		5.2	4.2	2.5	3.0	1.7	1.5
5		2.6	5.0	6.6	1.7	2.6	3.5
6		8.3	9.3	7.1	4.1	4.6	3.4
7		11.3	4.4	11.3	4.0	2.4	4.1
8		7.9	11.3	12.7	4.6	5.4	4.7
9		5.2	13.3	13.7	2.8	4.8	6.6
低		7.5	15.7	9.2	3.6	5.5	3.3
高	规模异常	18.5	16.2	14.3	5.5	5.4	4.3
2		29.0	18.0	16.2	6.4	4.9	5.2
3		18.2	24.1	17.8	5.8	6.0	5.0
4		14.5	18.1	9.7	5.0	5.3	2.9
5		15.5	24.9	23.2	4.8	5.9	5.5
6		20.7	19.9	17.9	5.3	6.1	4.5
7		33.4	21.3	21.4	7.9	5.2	4.7
8		29.1	20.2	18.0	6.1	5.3	4.8
9		18.0	27.8	24.4	5.8	7.6	5.7
低		24.6	30.9	20.4	6.9	7.9	4.9

续表

应计	计算方法	回报率(%)			t 值		
		FRA	LRA	ACC	FRA	LRA	ACC
高	原始回报	12.4	1.8	-0.3	6.1	1.1	-0.2
2		8.7	4.5	3.7	4.5	2.8	2.3
3		6.7	9.2	4.5	4.0	4.9	2.8
4		10.4	5.4	5.5	5.7	3.5	3.5
5		8.2	10.0	12.1	5.3	5.9	6.4
6		13.6	12.0	10.4	7.1	6.7	5.4
7		12.0	12.0	16.2	6.3	6.3	7.7
8		13.3	14.3	18.8	6.6	7.1	8.9
9		10.5	16.1	20.2	6.2	8.2	9.7
低		13.1	23.7	17.9	6.2	9.7	8.1
高	规模调整	5.5	-8.9	10.9	1.5	-2.0	3.1
2		-0.9	-9.4	13.9	-0.2	-2.1	5.1
3		-26.0	-3.5	17.6	-9.0	-0.7	4.2
4		-21.7	-8.5	17.6	-6.5	-2.9	4.8
5		-5.5	2.6	28.1	-1.6	0.6	5.7
6		4.6	0.7	23.1	1.1	0.2	4.6
7		7.6	3.4	27.2	2.3	0.9	5.9
8		13.4	4.0	27.1	3.1	1.2	6.3
9		12.8	6.6	34.3	3.1	1.7	7.1
低		12.7	17.5	30.7	2.5	3.3	7.6

5.4 研究结论

本章首先通过数理分析表明由于应计计量中估计误差的存在，使应计的盈余持续性低于现金流量的盈余持续性，并且通过对我国A股市场2001~2012年公司的实证分析验证了我们的假设；其次，本章先根据权责确认与现金收付的异期，将应计初步分解分为先收付应计FRA与后收付应计LRA，再根据收付实现、收入费用确认、商品（服务）确认（实现）的会计期间的不同，对FRA与LRA进行进一步分解，分析得出LRA与FRA的信息特征，最后根据两者的信息特征提出本章的第二个假设（FRA的持续性高于LRA的持续性，且应计异象主要是由LRA引起的），此假设亦通过了实证检验；最后，通过套利分析发现我国A股市场未能正确对应计及LRA正确定价，尤其是通过LRA高低构建的投资组合可获得9.2%、6.1%、18.1%、19.8%的原始异常回报、规模异常回报、原始回报、规模调整回报，本章的实证结果说明应计异象产生的客观原因是应计信息具有估计误差难衡量以及持续性不确定的特征。

通过本章的研究，可以得到以下启示：(1) 估计误差的存在，使得在财务报表中引入更多存在估计误差的项目，将会导致更大的成本；(2) 会计项目不稳定持续性的存在，也会导致资本市场产生更大的套利信息成本；(3) 投资者（具有一定资金规模的机构投资者）可通过LRA构建投资组合，在我国目前的资本市场上获得高于市场平均回报的超常收益；(4) 会计估计程序的完善将有助于我国资本市场效率的提高；（5）对持续性不确定性程度较高的会计项目进行详细、充分的披露，有助于降低套利风险，提高资本市场效率。在研究清楚了应计异象产生的客观原因后，第 6 章将对我国资本市场应计异象的市场表现进行研究。

第 6 章　微观使用者感知、宏观市场状态与应计异象

投资者的感知作为一种有限资源，会影响投资者尤其是个人投资者的股票购买选择。正如本书前面章节所述：理论上，一方面由于套利机制的作用，通过应计进行套利的空间会随着时间的推移逐渐减少。另一方面根据学习效应假说，资本市场中的投资者会不断根据新产生的信息对投资决策做出修正，市场对应计的错误定价会逐渐降低，以上两方面终将导致应计异象的消失。但是研究发现应计异象并未从我国资本市场消失，第 5 章的研究说明应计异象是由投资者对应计特征的错误感知造成，本章将在前面章节研究的基础上，从使用者感知的角度对应计异象持续存在的市场表现进行研究。

文献中对应计异象持续存在的研究主要有：（1）马斯瓦拉等（Mashruwala et al.，2006）用投资组合的异质风险作为套利风险的替代变量，用股价及交易额最为交易成本的替代变量，吴等（2010）将应计理解营运资本投资，并从不同于基于均值—方差的资本资产定价模型的基于投资的资产定价模型出发，根据托宾投资 Q 理论模型提出了不同于效用最大化假说的最优投资假说，认为公司会根据折现率的变化对投资进行最优调整，当折现率下降，更多的投资项目变得具有

营利性，并导致应计的增加，同时由于较低的折现率意味着更低预期回报，使得未来回报随着折现率的下降而下降，研究发现，应计最高与最低的两个投资组合存在较大的套利风险，并且应计异象不同程度地存在于高交易成本的股票中，通过引入套利风险及套利成本后的综合模型检验发现由于套利风险及交易成本的存在导致投资者无法消除应计异象。影响投资者利用应计异象信息进行套利的成本除了交易成本，还有信息成本（既包括投资者对套利信息进行加工、处理的成本，也包括由加工处理信息引起的机会成本）。(2) 力弗和尼斯（Lev and Nissim, 2006）认为尽管应计异象得到学术界与实务界的广泛认同，且其意味着市场上存在较大的潜在套利机会，但研究发现，机构投资者很少根据应计构建交易策略，基于应计信息的机构投资者季度持仓变化仅为0.2%～0.3%，比机构季度持仓的总变化的10%还要低，认为由于机构投资者的谨慎性以及对流动性的要求等局限，导致他们不可能按照应计信息构建投资策略，而对个人投资者由于存在很大的信息处理成本以及交易成本导致其也无法按照应计信息构建投资策略。(3) 资本市场上可用信息的过载、投资者处理与分析信息能力的局限甚至投资者的过度自信、激进交易以及追求高回报的行为或心理特征等，都会造成投资者的有限注意力或有限感知。赫舒拉发（Hirshleifer, 2003）发现财务报告及信息披露的形式会影响投资者的判断以及定价行为，并提出了应计异象有可能的是由投资者的有限注意力造成的推测。赫舒拉发等（2004）基于心理学的“有限关注假说”认为信息是巨量的，而感知是有限的，通过研究发现投资者并未充分利用资产负债表提供的信息，而仅仅将其有限的关注和感知放在历史盈余信息上。

以上文献分析说明，投资者功能锁定于盈余一方面是由于不同的投资者感知、关注的内容不同，即投资者不能关注到所有可获得的有用信息；另一方面也是因为不同的投资者处理信息能力的差异造成的，即投资者对信息的处理能力也不是完美的。基于此，本章从使用者感知的角度对应计异象的市场表现进行研究，并进一步对不同市场状态下的不同感知投资者对应计异象的影响程度进行了研究。本章余下内容安排如下：第一部分为研究假设；第二部分为研究设计；第三部分为使用者感知与应计异象；第四部分为市场状态与应计异象；第五部分为使用者感知、市场状态与应计异象；第六部分为研究结论。

6.1 研究假设

赫舒拉发和张秀芳（2006）将投资者分为三类：第一类投资者完全忽视当期盈余公告信息，仅仅根据以往的盈余信息而保持原来的投资策略；第二类投资者关注到盈余公告信息，却忽视了盈余组成部分（应计和现金流）；第三类投资者则既关注到盈余，也关注到盈余组成部分，文章通过理论分析得出不同类型投资者的比例与“应计异象”程度之间的关系，认为第二类投资者的比例与“应计异象”程度正相关。基于此，本章将投资者（应计信息使用者）按对盈余信息的感知进行区分，即将投资者按对上市公司盈余信息的感知分为低感知和高感知两种，其中低感知投资者只能感知到盈余信息本身（即利润），而高感知投资者不仅感知到盈余本身，也感知到其组成部分（即利润中现金流和应计两部分），对应计的感知使得投资者对应计持续性有更好的理解，并体现在价格中，减缓了对应计定价过高的问题。据此本章提出以下两项研究假设：①不同感知的投资者对盈余持续性的认识不同，高感知使用者拥有的股票的盈余持续性要高于低感知使用者拥有的股票的盈余持续性。②不同感知的使用者对“应计异象”的影响程度各异，即感知高的使用者拥有的股票的应计异象的程度要低于低感知的使用者拥有的股票的应计异象的程度。

6.2　研究设计

6.2.1　样本及数据

由于本章采用衡量使用者感知的指标中涉及基金持股数据，且CSMAR数据库中从2003年才开始披露，因此本章采用的样本检验期间为2003年5月~2013年4月。本章按照以下标准对样本公司进行了如下筛选：①剔除当年IPO公司；②剔除金融类公司；③剔除次年年报对上一年年报数据调整幅度超过10%的样本。

本章对所有变量数据在1%和99%的水平上进行了Winsorize缩尾调整处理，使小于1%分位数（大于99%分位数）的变量，令其值分别等于1%分位数（99%），以控制异常值对研究结论的影响。

6.2.2　变量定义

本章涉及的变量有回报率、应计、使用者感知衡量指标以及市场状态衡量指标。

（1）个股回报（R_i），数据来自CSMAR数据库汇率个股交易数据子集，为考虑现金红利再投资的月个股回报率，由于个股月汇报的数值较小，本章中所有个股月汇报率均为百分数，后面将不再进行单独说明。

（2）无风险利率（R_f），数据来自 CSMAR 数据库汇率利率子集，为月度化无风险利率。

（3）市场组合回报（R_m），数据来自 CSMAR 数据库综合市场交易数据子集，为总市值加权平均的考虑现金红利再投资的综合月市场回报率。

（4）异常回报率（AR），本章的异常回报率为持有期股票年度累计异常收益率，累计窗口为 12 个月，从当年 5 月至次年 4 月。

$$AR_{t+1} = \prod_{m=1}^{m=12} (1 + AR_m) - 1 \qquad \text{公式（6-1）}$$

其中，AR_m 为股票月度异常回报率，月度异常回报为经市场模型调整的回报。

（5）应计（ACC），由净利润减去经营活动产生现金流取得，按照斯隆（1996）的方法，用上期末总资产进行标准化处理，净利润数据来自 CSMAR 数据库利润表子集，经营活动产生的现金流净额数据来自 CSMAR 数据库现金流量表子集，为经营活动产生的现金流净额，总资产数据来自 CSMAR 数据库资产负债子集，为总资产。

（6）使用者感知衡量指标，根据投资者有限注意理论及国内外对机构投资者的研究（如柯林斯，2003），机构投资者比普通投资者具有更强的信息感知，因此，本章采用基金持股比例代理衡量应计信息使用者感知，根据年度平均值的高低将使用者划分为高感知与低感知两组，数据来自 CSMAR 数据库中国上市公司股东研究数据子集（股权信息 - 基金持股文件）。表 6 - 1 列示了 2003 ~ 2012 年 10 年间机构持股的平均数及平均持股比例。

表 6-1　　机构持股情况

年度	平均持股比例(%)	平均持股机构数
2003	16.1	7
2004	19.2	13
2005	22.3	15
2006	34.1	22
2007	52.0	28
2008	41.8	29
2009	38.6	34
2010	40.3	46
2011	28.9	53
2012	14.6	70

（7）市场状态衡量指标，本章根据样本期的市场表现，按年度市场收益率（当年 5 月～次年 4 月）正负，将市场划分为牛熊市两种状态。

6.2.3　研究模型

（1）盈余持续性检验模型。

根据斯隆（1996），本章采用的衡量盈余持续性的模型之一为：

$$NI_{t+1} = \rho_0 + \rho_1 ACC_t + \rho_2 CFO_t + e_{t+1} \qquad \text{模型（6-1）}$$

其中，ρ_1 测量的是应计的盈余持续性，ρ_2 测量的是现金流的盈余持续性。

根据理查森等（2005），为了方便地比较盈余不同组成部分盈余持续性的差异，本章也采用了以下模型衡量盈余的持续性：

$$NI_{t+1} = \rho_0 + \rho_1 NI_t + \rho_2 ACC_t + e_{t+1} \qquad \text{模型（6-2）}$$

其中，ρ_1 测量的是现金流量的盈余持续性，ρ_2 测量的是应计与现金流的盈余持续性之差。

（2）市场定价检验模型。

斯隆（1996）基于米什金理性预期模型（如果投资能充分区分不同盈余组成部分的持续性差异，那么基于理性预期理论，这些盈余组成部分将与股票异常回报无关）对盈余的组成部分（应计与现金流量）的市场定价进行检验。根据斯隆（1996）本章采用以下模型对市场定价进行检验：

$$AR_{t+1} = \rho_0 + \rho_1 ACC_t + \rho_2 CFO_t + e_{t+1} \qquad \text{模型（6-3）}$$

其中，ρ_1 测量的是应计的异常定价系数，ρ_2 测量的是现金流的异常定价系数。

斯隆在其与理查森等合作的文章中，又基于幼稚投资者假说（如果投资者不能充分认识应计不同组成部分的持续性差异，那么这些应计组成部分将与股票异常回报呈现明显的负相关关系），对应计的组成部分的市场定价进行了检验。根据理查森等（2005）本章也采用以下模型对市场定价进行检验：

$$AR_{t+1} = \rho_0 + \rho_1 NI_t + \rho_2 ACC_t + e_{t+1} \qquad \text{模型（6-4）}$$

其中，ρ_1 测量的是现金流量的异常定价系数，ρ_2 测量的是应计与现金流的异常定价系数之差。

6.3　使用者感知与应计异象

6.3.1　盈余持续性分析

本小节按斯隆（1996）及理查森等（2005）的方法采用模型（6－1）及模型（6－2）对高低感知投资者关注的样本的盈余持续性进行检验，结果列示于表6－2。如果盈余的组成部分应计与现金流具有持续性，则两者用模型（6－1）回归的系数的t值应该均通过显著性检验，而两者回归系数的大小则能初步表明两者持续性的大小，如果应计的系数小于现金流的系数，则说明应计的盈余持续性要低于现金流的盈余持续性，如果应计的系数大于现金流的系数，则说明应计的盈余持续性要高于现金流的盈余持续性。对于模型（6－2），NI的回归系数代表了现金流的盈余持续性，而ACC的回归系数则代表应计与现金流的盈余持续性之差，如果ACC回归系数为正值，且通过显著性检验，说明应计的盈余持续性显著大于现金流的盈余持续性，如果ACC回归系数为负值，且通过显著性检验，说明应计的盈余持续性显著小于现金流的盈余持续性。

表6－2列示了按使用者感知高低区分的样本的盈余持续性。第二行、第四行列示的是采用理查森等（2005）的方法衡量的高感知样本的盈余持续性系数及t值，ACC的t值为约－11，NI的t值为约56，说明结果非常显著，其中ACC的回归系数为－0.081，说明应计盈余持续性低于现金流的盈余持续性。第三行、第五行列示的是采用理查森等（2005）的方法衡量的高感知样本的盈余持续性系数及t值，ACC的t值为约47，CFO的t值为约56，说明结果非常显著，其中

ACC 的回归系数为 0.446，CFO 的回归系数为 0.546，进一步说明应计盈余持续性低于现金流的盈余持续性。第六行、第八行列示的是采用理查森等（2005）的方法衡量的低感知样本的盈余持续性系数及 t 值，ACC 的 t 值为约 -11，NI 的 t 值为约 41，说明结果非常显著，其中 ACC 的回归系数为 -0.090，说明应计盈余持续性低于现金流的盈余持续性。第七行、第九行列示的是采用理查森等（2005）的方法衡量的低感知样本的盈余持续性系数及 t 值，ACC 的 t 值为约 30，CFO 的 t 值为约 38，说明结果非常显著，其中 ACC 的回归系数为 0.386，CFO 的回归系数为 0.486，进一步说明应计盈余持续性低于现金流的盈余持续性。

表 6-2　　盈余持续性

使用者感知	类别	模型	截距	CFO	ACC	NI
高	系数	理查森等(2005)	0.004		-0.081	0.540
		斯隆(1996)	0.005	0.546	0.446	12.000
	t 值	理查森等(2005)	5.214		-11.262	56.040
		斯隆(1996)	5.503	56.659	47.728	
低	系数	理查森等(2005)	0.027		-0.090	0.539
		斯隆(1996)	0.030	0.486	0.386	12.000
	t 值	理查森等(2005)	21.981		-11.213	41.612
		斯隆(1996)	24.775	38.559	30.724	

同时，表6－2中，高感知样本采用模型（6－2）回归的ACC的系数为－0.081，低感知样本采用此模型回归的ACC的系数为－0.090，－0.081的绝对值小于－0.090的绝对值，说明高感知样本的应计与现金流的盈余持续性差异要小于低感知样本的应计与现金流的盈余持续性差异。高感知样本采用模型（6－1）回归的ACC的系数为0.446，CFO的系数为0.546，低感知样本采用此模型回归的ACC的系数为0.386，CFO的系数为0.486，说明高感知样本的应计的盈余持续应和现金流的盈余持续性均要小于低感知样本的，结果支持了本章的第一个假设。

6.3.2　市场定价实证检验

本小节采用模型（6－3）及模型（6－4）对高低感知者基于盈余的定价行为进行检验、分析，结果列示于表6－3。如果盈余的组成部分应计与现金流具有持续性，则两者用模型（6－1）回归的系数的t值应该均通过显著性检验，而两者回归系数的大小则能初步表明两者持续性的大小，如果应计的系数小于现金流的系数，则说明应计的异常定价要低于现金流的异常定价，如果应计的系数大于现金流的系数，则说明应计的异常定价要高于现金流的异常定价。对于模型（6－2），NI的回归系数代表了现金流的异常定价，而ACC的回归系数则代表应计与现金流的异常定价之差，如果ACC回归系数为正值，且通过显著性检验，说明应计的异常定价显著大于现金流的异常定价，如果ACC回归系数为负值，且通过显著性检验，说明应计的异常定价显著小于现金流的异常定价。

表 6-3　　市场定价回归检验

模型	类别	CFO	ACC	NI	使用者感知
理查森等(2005)	系数		-0.291	-0.216	低
			-0.168	-0.213	高
斯隆(1996)		-0.170	-0.469		低
		-0.129	-0.303		高
理查森等(2005)	t值		-3.158	-1.575	低
			-1.462	-1.308	高
斯隆(1996)		-1.260	-3.772		低
		-0.797	-1.755		高

在用模型（6-4）进行的回归分析中，第四列第七行列示的 ACC 系数的 t 值分别为 -1.462，同时，在用模型（6-3）进行的回归分析中，第九行第三、第四列列示的 CFO 与 ACC 回归系数的 t 值分别为 -0.797 及 -1.755，说明高感知者对应计及现金流均未进行错误定价，且两者之间并无显著区别。在用模型（6-4）进行的回归分析中，第四列第六行列示的 ACC 系数的 t 值分别为 -3.158，同时，在用模型（6-3）进行的回归分析中，第八行第三、第四列列示的 CFO 与 ACC 回归系数的 t 值分别为 -1.260 及 -3.772，第五行第四列列示的 ACC 的回归系数为 -0.303 为负值，说明低感知者对应计进行了错误定价，并未发现对现金流进行错误定价，结果部分支持了本章第二个假设。

6.4　市场状态与应计异象

6.4.1　盈余持续性分析

本小节按斯隆（1996）及理查森等（2005）的方法采用模型(6－1)及模型（6－2）对牛熊市状态下样本的盈余持续性进行检验，结果列示于表6－4。如果盈余的组成部分应计与现金流具有持续性，则两者用模型(6－1)回归的系数的t值应该均通过显著性检验，而两者回归系数的大小则能初步表明两者持续性的大小，如果应计的系数小于现金流的系数，则说明应计的盈余持续性要低于现金流的盈余持续性，如果应计的系数大于现金流的系数，则说明应计的盈余持续性要高于现金流的盈余持续性。对于模型（6－2），NI的回归系数代表了现金流的盈余持续性，而ACC的回归系数则代表应计与现金流的盈余持续性之差，如果ACC回归系数为正值，且通过显著性检验，说明应计的盈余持续性显著大于现金流的盈余持续性，如果ACC回归系数为负值，且通过显著性检验，说明应计的盈余持续性显著小于现金流的盈余持续性。

表6－4列示了按市场牛熊市状态划分的样本的盈余持续性。第二行、第四行列示的是采用理查森等（2005）的方法衡量的牛市样本的盈余持续性系数及t值，ACC的t值为约－12，ni的t值为约58，说明结果非常显著，其中ACC的回归系数为－0.082，说明应计盈余持续性低于现金流的盈余持续性。第三行、第五行列示的是采用理查森等（2005）的方法衡量的牛市样本的盈余持续性系数及t值，ACC的t值为约48，CFO的t值为约58，说明结果非常显著，其中ACC的

回归系数为0.449，CFO的回归系数为0.550，进一步说明应计盈余持续性低于现金流的盈余持续性。第六行、第八行列示的是采用理查森等（2005）的方法衡量的熊市样本的盈余持续性系数及t值，ACC的t值为约-9，NI的t值为约45，说明结果非常显著，其中ACC的回归系数为-0.082，说明应计盈余持续性低于现金流的盈余持续性。第七行、第九行列示的是采用理查森等（2005）的方法衡量的熊市样本的盈余持续性系数及t值，ACC的t值为约35，CFO的t值为约47，说明结果非常显著，其中ACC的回归系数为0.466，CFO的回归系数为0.559，进一步说明应计盈余持续性低于现金流的盈余持续性。

表6-4　　盈余持续性

市场状态	类别	模型	截距	CFO	ACC	NI
牛	系数	理查森等(2005)	0.006		-0.082	0.550
		斯隆(1996)	0.007	0.550	0.449	
	t值	理查森等(2005)	7.147		-12.188	58.249
		斯隆(1996)	7.680	58.218	48.952	
熊	系数	理查森等(2005)	0.018		-0.082	0.592
		斯隆(1996)	0.020	0.559	0.466	
	t值	理查森等(2005)	15.874		-8.588	45.236
		斯隆(1996)	17.193	43.749	35.768	

同时，表6-4中，牛市样本采用模型（6-2）回归的ACC的系数为-0.082，熊市样本采用模型（6-2）回归的ACC的系数为-0.082,绝对值相等，牛市样本采用模型（6-1）回归的ACC的系

数为0.449，CFO的系数为0.550，熊市样本采用模型（6-1）回归的ACC的系数为0.466，CFO的系数为0.059，说明牛熊市状态样本的盈余持续性并无显著区别。

6.4.2 市场定价实证检验

本小节采用模型（6-3）及模型（6-4）对牛熊市状态市场基于盈余的定价行为进行检验、分析，结果列示于表6-5。如果盈余的组成部分应计与现金流具有持续性，则两者用模型（6-1）回归的系数的t值应该均通过显著性检验，而两者回归系数的大小则能初步表明两者持续性的大小，如果应计的系数小于现金流的系数，则说明应计的异常定价要低于现金流的异常定价，如果应计的系数大于现金流的系数，则说明应计的异常定价要高于现金流的异常定价。对于模型（6-2），NI的回归系数代表了现金流的异常定价，而ACC的回归系数则代表应计与现金流的异常定价之差，如果ACC回归系数为正值，且通过显著性检验，说明应计的异常定价显著大于现金流的异常定价，如果ACC回归系数为负值，且通过显著性检验，说明应计的异常定价显著小于现金流的异常定价。

表6-5　　市场定价回归检验

模型	类别	CFO	ACC	NI	市场状态
理查森等(2005)	系数		-0.299	-0.307	牛市
			-0.205	0.210	熊市
斯隆(1996)		-0.254	-0.558		牛市
		0.232	0.014		熊市

续表

模型	类别	CFO	ACC	NI	市场状态
理查森等(2005)	t值		-4.045	-2.955	牛市
			-1.338	1.008	熊市
斯隆(1996)		-2.449	-5.524		牛市
		1.151	0.070		熊市

在用模型（6-4）进行的回归分析中，第四列第七行列示的ACC系数的t值分别为-1.338，同时，在用模型（6-3）进行的回归分析中，第九行第三、第四列列示的CFO与ACC回归系数的t值分别为1.151及0.070，说明熊市状态市场对应计及现金流均未进行错误定价，且两者之间并无显著区别。在用模型（6-4）进行的回归分析中，第四列第六行列示的ACC系数的t值分别为-4.045，同时，在用模型（6-3）进行的回归分析中，第八行第三、第四列列示的CFO与ACC回归系数的t值分别为-2.449及-5.524，第六行第4列列示的ACC的回归系数为-0.558为负值，说明熊市状态市场未对应计及现金流进行错误定价，牛市状态市场对应计及现金流均进行了错误定价，且牛市状态市场对应计错误定价的程度要大于对现金流的错误定价程度。

6.5 使用者感知、市场状态与应计异象

基于前两部分单独将样本按照使用者感知及牛熊市状态划分，并

单独进行盈余持续性及市场定价的检验，本章继续进行进一步分析，对不同市场状态、不同使用者感知的样本进行盈余持续性及市场定价的检验。

6.5.1 盈余持续性分析

本小节按斯隆（1996）及理查森等（2005）的方法采用模型(6－1)及模型（6－2）对不同市场状态下不同使用者感知的样本的盈余持续性进行检验，结果列示于表6－6。如果盈余的组成部分应计与现金流具有持续性，则两者用模型（6－1）回归的系数的t值应该均通过显著性检验，而两者回归系数的大小则能初步表明两者持续性的大小，如果应计的系数小于现金流的系数，则说明应计的盈余持续性要低于现金流的盈余持续性，如果应计的系数大于现金流的系数，则说明应计的盈余持续性要高于现金流的盈余持续性。对于模型(6－2)，NI的回归系数代表了现金流的盈余持续性，而ACC的回归系数则代表应计与现金流的盈余持续性之差，如果ACC回归系数为正值，且通过显著性检验，说明应计的盈余持续性显著大于现金流的盈余持续性，如果ACC回归系数为负值，且通过显著性检验，说明应计的盈余持续性显著小于现金流的盈余持续性。

表6－7列示了全部样本不区分市场状态时的盈余持续性检验，结论与本章第五部分的结论相一致。表6－7的结果显示，所有样本的模型（6－1）及模型（6－2）回归的系数除截距外都通过显著性检验，所有样本的模型（6－2）回归的ACC的系数均为负值，所有样本的模型（6－1）回归的ACC的系数均小于CFO的系数，说明

表 6－6　　盈余持续性

市场状态	使用者感知	类别	模型	截距	CFO	ACC	NI
牛市	低	系数	理查森（2005）	0.000		－0.071	0.524
			斯隆（1996）	－0.001	0.546	0.452	
		t 值	理查森（2005）	－0.142		－8.182	44.425
			斯隆（1996）	－0.498	45.836	39.940	
	高	系数	理查森（2005）	0.024		－0.090	0.521
			斯隆（1996）	0.028	0.466	0.365	
		t 值	理查森（2005）	15.098		－9.306	33.082
			斯隆（1996）	17.766	30.145	23.638	
熊市	低	系数	理查森（2005）	0.012		－0.081	0.570
			斯隆（1996）	0.013	0.547	0.455	
		t 值	理查森（2005）	8.328		－6.317	34.916
			斯隆（1996）	9.183	34.043	27.748	
	高	系数	理查森（2005）	0.030		－0.080	0.588
			斯隆（1996）	0.033	0.532	0.444	
		t 值	理查森（2005）	15.732		－5.775	26.664
			斯隆（1996）	17.168	25.053	20.672	

盈余组成部分的盈余持续性差异并未因样本及市场状态的不同而不同。

表 6-7 盈余持续性

类别	模型	截距	CFO	ACC	NI
系数	理查森等(2005)	0.011		-0.088	0.562
	斯隆(1996)	0.012	0.551	0.447	12.000
t值	理查森等(2005)	15.839		-15.969	72.812
	斯隆(1996)	17.053	71.987	59.340	

6.5.2 市场定价实证检验

本小节采用模型（6-3）及模型（6-4）对不同市场状态不同投资者基于盈余的定价行为进行检验、分析，结果列示于表6-9。如果盈余的组成部分应计与现金流具有持续性，则两者用模型（6-1）回归的系数的t值应该均通过显著性检验，而两者回归系数的大小则能初步表明两者持续性的大小，如果应计的系数小于现金流的系数，则说明应计的异常定价要低于现金流的异常定价，如果应计的系数大于现金流的系数，则说明应计的异常定价要高于现金流的异常定价。对于模型（6-2），NI的回归系数代表了现金流的异常定价，而ACC的回归系数则代表应计与现金流的异常定价之差，如果ACC回归系数为正值，且通过显著性检验，说明应计的异常定价显著大于现金流的异常定价，如果ACC回归系数为负值，且通过显著性检验，说明应计的异常定价显著小于现金流的异常定价。

表6－8列示了全部样本不区分市场状态时的市场基于盈余的定价检验，结论与本章第五部分的结论相一致。从表6－9中可以发现，在熊市状态下，一方面，在模型（6－4）的回归结果中，ACC系数均为负，且熊市状态高感知使用的样本的绝对值最小为－0.039，其他三类样本分别为0.283、0.232、0.259，t值为－0.204，说明熊市高感知使用者的样本未发现应计与现金流的明显的错误定价差异。在使用模型（6－3）的回归结果中，熊市状态高感知使用者的样本CFO与ACC的系数为正，不是显著的为负值，说明熊市中高感知使用者并未对应计错误定价；另一方面，模型（6－4）的回归结果表明，熊市状态低感知使用的样本的系数为－0.259，t值为－2.275，通过显著性检验，在使用模型（6－3）的回归结果中，熊市状态低感知使用者的样本ACC的系数为－0.105，t值为－2.394，通过显著性检验，说明熊市中低感知使用者对应计错误定价。

同样从表6－9中可以发现，在牛市状态下，一方面，模型（6－4）的回归结果显示牛市状态低感知使用者的样本的ACC的系数为－0.283，t值为－3.243，熊市状态低感知使用的样本的ACC的系数为－0.232，t值为－2.604，说明牛市中高、低感知使用的样本均存在明显应计与现金流错误定价的差异；另一方面，模型（6－3）的回归结果中，牛市低感知使用者样本CFO的系数为－0.349，t值为－2.669，ACC的系数为－0.636，t值为－5.317，高感知使用者样本CFO的系数为－0.246，t值为－2.314，ACC的系数为－0.486，t值为－3.219，说明牛市状态下低感知使用者的样本的应计异象的程度要高于高感知使用者。

表6-8 市场定价回归检验

模型	类别	CFO	ACC	NI
理查森(2005)	系数		-0.282	-0.125
	t值		-3.853	-1.226
斯隆(1996)	系数	-0.075	-0.367	
	t值	-0.745	-3.698	

表6-9 市场定价回归检验

模型	类别	CFO	ACC	NI	使用者感知	市场状态
理查森(2005)	系数		-0.283	-0.399	低	牛市
			-0.232	-0.344	高	牛市
			-0.259	0.163	低	熊市
			-0.039	0.331	高	熊市
斯隆(1996)		-0.349	-0.636		低	牛市
		-0.267	-0.486		高	牛市
		0.157	-0.105		低	熊市
		0.435	0.367		高	熊市

续表

模型	类别	CFO	ACC	NI	使用者感知	市场状态
理查森（2005）	t值		-3.243	-3.060	低	牛市
			-2.604	-2.667	高	牛市
			-2.275	0.546	低	熊市
			-0.204	1.220	高	熊市
斯隆（1996）		-2.669	-5.317		低	牛市
		-2.314	-3.219		高	牛市
		1.554	-2.394		低	熊市
		1.620	1.246		高	熊市

6.6 研究结论

本章采用基金持股比例代理衡量投资者感知，根据年度平均值的高低将投资者划分为高感知与低感知两组，按照斯隆（1996）以及理查森等（2005）的方法对高低感知者拥有的样本的盈余持续性及市场定价进行检验。先通过对不同感知投资者关注的股票的盈余持续性及应计异象程度进行检验，然后对不同市场状态下，股票的盈余持续性及市场上的应计异象程度进行分析，最后对不同市场状态、不同感知投资者的定价行为进行了检验。

本章的研究发现：在盈余持续性方面，其一，盈余与现金流的盈余持续性以及盈余持续性的差异与市场状态并无显著相关性。其二，高感知投资者拥有的样本的盈余持续性要高于低感知投资者拥有的样本的盈余持续性。在市场定价方面，其一，熊市状态市场未对应计及现金流进行错误定价，牛市状态市场对应计及现金流均进行了错误定价，且牛市状态市场对应计错误定价的程度要大于对现金流的错误定价程度；其二，高感知投资者并未明显对应计和现金流进行错误定价，低感知投资者明显对应计进行了更高更显著的错误定价。其三，熊市状态下的应计异象主要是由低感知使用者拥有的样本引起的，高感知使用者拥有的样本并未发现明显的应计异象，牛市状态下的应计异象主要是由低感知使用者拥有的样本引起的，低感知使用者拥有的样本的应计异象的程度要高于高感知使用者拥有的样本的应计异象的程度。结果说明应计异象主要是由低感知使用拥有的样本引起的，即应计异象的持续存在是由应计信息使用者对应计信息的低感知造成的。

第7章　研究结论

7.1　主要研究结论

本书用我国A股市场1998～2013年的上市公司数据对资本市场应计异象进行了比较深入的研究，以实证研究方法为主，按照应计异象的存在性、产生客观原因、市场持续表现的逻辑展开研究。经过检验与分析，得出如下结论：

第一，本书通过实证方法分析和检验了应计异象的两种不同解释，即风险观与错误定价观，以验证应计异象是否真实存在于我国资本市场中。研究结果表明，应计异象并不是定价模型遗漏了与应计相关的风险因子而形成的一种研究中的伪命题，而是由投资者对应计信息错误定价而产生的一种资本市场错误定价现象，从而证实应计异象真实地存在于我国资本市场中。

第二，在对应计异象的存在性进行研究并得出结论的基础上，本书又进一步对应计异象产生的客观原因从应计本身特征的角度展开分析、研究。通过数理分析得出的结果表明，由于应计计量中估计误差的存在，使应计的盈余持续性低于现金流量的盈余持续性。通过实证分析，本书发现具有更大估计误差及更高不确定持续性特征的后收付应计，在异常回报上能产生16.2%的套利空间，远大于应计9.2%的套利空间，这说明应计异象产生的客观原因是应计信息具有持续性的不确定性以及估计误差难衡量的特征。

第三，在对应计异象产生的客观原因进行研究的基础上，本书对应计异象的市场表现从使用者感知的角度进行了研究。研究发现，在盈余持续性方面，其一，应计与现金流的盈余持续性以及两者盈余持续性的差异与市场状态并无显著相关性；其二，高感知投资者拥有的样本的盈余持续性要高于低感知投资者拥有的样本的盈余持续性。在市场定价方面，其一，熊市状态市场未对应计及现金流进行错误定价，牛市状态市场对应计及现金流均进行了错误定价，且牛市状态市场对应计错误定价的程度要大于对现金流的错误定价程度；其二，高感知投资者并未明显对应计和现金流进行错误定价，低感知投资者明显对应计进行了更高更显著的错误定价；其三，熊市状态下的应计异象主要是由低感知使用者拥有的样本引起的，高感知使用者拥有的样本并未发现明显的应计异象，牛市状态下的应计异象主要是由低感知使用者拥有的样本引起的，低感知使用者拥有的样本的应计异象的程度要高于高感知使用者拥有的样本的应计异象的程度。结果说明应计异象主要发生在由低感知使用的样本中，即应计异象的持续存在是由应计信息使用者对应计信息的低感知造成的。

7.2 研究启示

资本市场的发展，有赖于资本市场宏观体制与机制的完善以及投资者的成熟与理性，本书对资本市场应计异象的研究对如何有效、有针对性地提高我国资本市场效率具有一定的启示作用，并对会计信息使用者进行证券投资具有一定的启示作用。具体而言，本书有以下启示：

对提高资本市场效率的启示作用：（1）加大持续性不确定性程度较高的项目的披露力度，提高财务报告的披露深度和广度，有助于降低套利风险，减少应计异象的套利空间，间接提高资本市场效率。（2）培育理性的投资者有助于资本市场效率的提高。对于理性投资者的培育，一方面要通过宣传和教育，增强投资者的风险意识，引导投资者做好投资准备，妥善评估自身的风险能力。另一方面要把注意力放在大力发展、规范机构投资者上，要用市场化的手段培育理性、成熟的机构投资者，营造机构投资者成长的良好外部环境。（3）会计估计程序的完善将有助于我国资本市场效率的提高。

对证券投资的启示作用体现在：（1）估计误差的存在，使得在财务报表中引入更多存在估计误差的项目，将会导致更大的成本；（2）会计项目持续性的不确定性的存在，也将会为资本市场带来更大的套利信息成本；（3）投资者（具有一定资金规模的基金）可通过LRA构建投资组合在我国目前的资本市场上获得高于市场平均回报的超常收益；（4）投资者可以利用技术分析和图表从过去的价格信息中分析出未来价格的某种变化倾向，从而在交易中获利。

参考文献

［1］蔡祥，李志文，张为国．中国证券市场中的财务问题：实证研究述评［J］．中国会计评论，2003（1）：1－23.

［2］蔡祥，李志文，张为国．中国实证会计研究述评［J］．中国会计与财务研究，2003（6）：155－215.

［3］曾康霖．解读行为金融学［J］．财经科学，2003（2）：29－32.

［4］陈汉文，郑鑫成．可操纵应计的市场反应——来自中国证券市场实证证据［J］．财会通讯，2004（2）：3－8.

［5］陈小悦，肖星，过晓燕．配股权与上市公司利润操纵［J］．经济研究，2000（1）：30－36.

［6］陈晓，陈小悦，刘钊．A股盈余报告的有用性研究［J］．经济研究，1999（6）：21－28.

［7］陈晓，陈小悦，刘钊．我国会计准则和国际会计准则盈余报告差异及经济后果研究［J］．会计研究，2006（9）：27－34.

［8］陈旭东．企业生命周期、应计特征与会计稳健性［D］．西南交通大学博士学位论文，2007.

［9］陈雨露，汪昌云．金融学文献通论——微观金融卷［M］．北京：中国人民大学出版社，2006.

［10］樊行健，郭晓燚，郭文博．财务报告分析［M］．北京：中

国财政经济出版社，2008.

[11] 樊行健．现代财务财务经济分析学［M］．成都：西南财经大学出版社，2004.

[12] 樊行健．财务经济分析国际比较研究［M］．成都：西南财经大学出版社，2006.

[13] 樊行健．财务经济分析论纲［M］．成都：西南财经大学出版社，2006.

[14] 樊行健．上市公司财务经济分析：理论与实证［M］．成都：西南财经大学出版社，2006.

[15] 葛家澍，叶凡，冯星，高军．财务会计定价的经济学解释［J］．会计研究，2013（6）：3－9.

[16] 何晓群，刘文卿．应用回归分析［M］．北京：中国人民大学出版社，2001.

[17] 黄娟，黄益建，王擎．规模效应和价值效应的再检验：来自中国沪市的经验证据［J］．经济与管理研究，2007：10.

[18] 姜国华．基于会计信息的证券投资策略研究：分析及展望［J］．会计研究，2005（11）：66－71.

[19] 李远鹏，牛建军，姜国华．证券市场“应计异象”研究：回顾与展望［J］．会计研究，2008（1）：79－84.

[20] 李远鹏，牛建军．退市监管与应计异象［J］．管理世界，2007（5）：125－132.

[21] 梁冰，顾海英．证券市场“异象”的行为金融学解释及评介［J］．东北林业大学学报，2003：94－96.

[22] 林舒，魏明海．中国A股发行公司首次公开募股过程中的盈利管理［J］．中国会计与财务研究，2000（12）：87－107.

[23] 林翔，陈汉文．增长、盈余管理和应计持续性［J］．中国

会计评论，2005（3）：117－140.

［24］刘斌，杨开元．我国A股市场应计异象研究［J］．证券市场导报，2011（6）：48－53.

［25］刘洁．有效证券市场异象的行为金融学解释［J］．统计与决策，2005（12）：108－109.

［26］刘云中．中国股票市场对会计盈余和会计应计量信息的反映［J］．中国软科学，2003（11）：40－45.

［27］刘云中．对会计应计量信息反映的检验［J］．证券市场导报，2004（2）：20－25.

［28］陆璇，陈小悦，张岭松，刘慧霞．中国上市公司财务基本信息对未来收益的预测能力［J］．经济科学，2001（6）：53－62.

［29］彭韶兵，黄益建，赵根．信息可靠性、企业成长性与会计盈余持续性［J］．会计研究，2008（4）：43－96.

［30］彭韶兵，黄益建．会计信息可靠性与盈余持续性［J］．中国会计评论，2007（2）：219－231.

［31］乔洪武，孙小帆．行为金融学的理论基础及其贡献［J］．当代经济管理，2005（5）：9－14.

［32］饶品贵，姜国华．机构投资者行为与交易量异象［J］．中国会计评论，2008（9）：289－308.

［33］苏冬璐，麦元助．流动性与资产定价：基于我国股市资产换手率与预期收益的实证研究［J］．经济研究，2004（2）：95－105.

［34］王庆文．会计盈余质量对未来会计盈余及股票收益的影响：基于中国股票市场的实证研究［J］．金融研究，2005（10）：141－152.

［35］翁学东．西方行为金融学理论的进展［J］．中央财经大学学报，2003（1）：49－52.

［36］西南财经大学会计学院．会计理论研究（课程资料），2006.

[37] 夏立军，方铁强．政府控制、治理环境与公司价值——来自中国证券市场的经验证据［J］．经济研究，2005（5）：40－51.

[38] 夏立军．盈余管理计量模型在中国股票市场的应用研究［J］．中国会计与财务研究，2003（6）：94－154.

[39] 谢晓霞．会计信息与股价反应研究——基于中国上市公司年度报告的分析［D］．四川大学博士学位论文，2007.

[40] 徐浩峰，王正位．盈余持续性特征与中国资本市场效率的经济影响分析［J］．清华大学学报，2006：S1.

[41] 薛薇．统计分析与 SPSS 的应用［M］．北京：中国人民大学出版社，2001.

[42] 杨开元，刘斌，王玉涛．资本市场应计异象：模型误设还是错误定价［J］．统计研究，2013（10）：68－74.

[43] 占卫华．资本市场中的会计研究［M］．北京：中国金融出版社，2007.

[44] 张国清，赵景文．资产负债项目可靠性、盈余持续性及其市场反应［J］．会计研究，2008（3）：51－57.

[45] 张人骥，朱平方，王怀芳．上海证券市场过度反应的实证检验［J］．经济研究，1998（5）：58－64.

[46] 张圣平．现代经典金融学的困境与行为金融学的崛起［J］．金融研究，2003（4）：44－56.

[47] 赵德武．市场与公司财务：有关问题的理论分析与实证研究［M］．成都：西南财经大学出版社，2006.

[48] 赵宇龙．盈余披露的信息含量：来自上海股市的经验数据［J］．经济研究，1998（7）：41－49.

[49] 中国证券监督管理委员会．中国资本市场发展报告［M］．北京：中国金融出版社，2006.

［50］中华人民共和国财政部．企业会计准则（2006）［M］．北京：经济科学出版社，2006.

［51］中华人民共和国财政部．企业会计准则——应用指南（2006）［M］．北京：中国财政经济出版社，2006.

［52］周宏．证券市场年报公布的市场效应研究［J］．会计研究，2004（7）：78－83.

［53］邹燕，郭菊娥，杨帆．金融理论的应用：重要异象探讨［J］．西北大学学报（哲学社会科学版），2004（11）：150－152.

［54］Ali，A.，L. S. Hwang and M. A. Trombley，Accruals and Future Stock Returns：Tests of the Naïve Investor Hypothesis，Journal of Accounting，Auditing & Finance，2000（2）：161－181.

［55］Barber，B. M. and T. Odean，All that Glitters：The Effect of Attention and News On the Buying Behavior of Individual and Institutional Investors，Review of Financial Studies，2008（2）：785－818.

［56］Beneish，M. D. and M. E. Vargus，Insider Trading，Earnings Quality，and Accrual Mispricing，The Accounting Review，2002（4）：755－791.

［57］Dechow，P. M.，S. A. Richardson and R. G. Sloan，The Persistence and Pricing of the Cash Component of Earnings，Journal of Accounting Research，2008（3）：537－566.

［58］Desai，H.，S. Rajgopal and M. Venkatachalam，Value-Glamour and Accruals Mispricing：One Anomaly Or Two? The Accounting Review,2004（2）：355－385.

［59］Fairfield，P. M.，J. S. Whisenant and T. L. Yohn，Accrued Earnings and Growth：Implications for Future Profitability and Market Mispricing，The Accounting Review，2003（1）：353－371.

[60] Fairfield, P. M. , S. Whisenant and T. L. Yohn, The Differential Persistence of Accruals and Cash Flows for Future Operating Income Versus Future Profitability, Review of Accounting Studies, 2003 (2): 221 -243.

[61] Fama, E. F. and K. R. French, Dissecting Anomalies, Journal of Finance, 2008 (4): 1653 -1678.

[62] Healy, P. M. , The Effect of Bonus Schemes On Accounting Decisions, JAE, 1985 (1 -3): 85 -107.

[63] Hirshleifer, D. and S. H. Teoh, Limited Attention, Information Disclosure, and Financial Reporting, JAE, 2003 (1 -3): 337 -386.

[64] Hirshleifer, D. , H. Kewei, S. H. Teoh and Z. Yinglei, Do Investors Overvalue Firms with Bloated Balance Sheets? Journal of Accounting and Economicsl, 2004: 297 -331.

[65] Hirshleifer, D. , K. Hou and S. H. Teoh, The Accrual Anomaly: Risk Or Mispricing? Manage Sci, 2011: 1 -16.

[66] Jones, J. J. , Earnings Management During Import Relief Investigations, Journal of Accounting Research, 1991 (2): 193 -228.

[67] Khan, M. , Are Accruals Mispriced Evidence From Tests of an Intertemporal Capital Asset Pricing Model, JAE, 2008 (1): 55 -77.

[68] Kothari, S. P. , E. Loutskina and V. Nikolaev, Agency Theory of Overvalued Equity as an Explanation for the Accrual Anomaly, SSRN eLibrary, 2006.

[69] Lev, B. and D. Nissim, The Persistence of the Accruals Anomaly, Contemporary Accounting Research, 2006 (1): 193 -226.

[70] Mashruwala, C. , S. Rajgopal and T. Shevlin, Why is the Accrual Anomaly Not Arbitraged Away? The Role of Idiosyncratic Risk and

Transaction Costs, JAE, 2006: 3 -33.

[71] Miller, M. H. and F. Modigliani, Some Estimates of the Cost of Capital to the Electric Utility Industry, 1954 - 57., American Economic Review, 1996 (3): 333 -391.

[72] Mishkin, F. S., A Rational Expectations AppNIch to Macro-econometrics: Testing Policy Ineffectiveness and Efficient-Markets Models, Chicago, University of Chicago Press, 1983.

[73] Ohlson, J. A., Earnings, Book Values, and Dividends in Equity Valuation, Contemporary Accounting Research, 1995 (2): 661 -687.

[74] Pincus, M., S. Rajgopal and M. Venkatachal, The Accrual Anomaly: International Evidence, The Accounting Review, 2007 (1): 169 -203.

[75] Richardson, S. A., R. G. Sloan, M. T. Soliman and I. Tuna, Accrual Reliability, Earnings Persistence and Stock Prices, JAE, 2005 (3): 437 -485.

[76] Richardson, S. A., R. G. Sloan, M. T. Soliman and I. Tuna, The Implications of Accounting Distortions and Growth for Accruals and Profitability, The Accounting Review, 2006 (3): 713 -743.

[77] Richardson, S., I. Tuna and P. Wysocki, Accounting Anomalies and Fundamental Analysis: A Review of Recent Research Advances, JAE, 2010 (2 -3): 410 -454.

[78] Sloan, R. G., Do Stock Prices Fully Reflect Information in Accruals and Cash Flows About Future Earnings? The Accounting Review, 1996 (3): 289 -315.

[79] Subramanyam, K. R., The Pricing of Discretionary Accruals, Journal of Accounting and Economics, 1996.

[80] Tobin, J., A General Equilibrium AppNIch to Monetary Theory, Journal of Money, Credit & Banking, 1969 (1): 15 – 29.

[81] Wu, J. G., L. U. Zhang and X. F. Zhang, The Q-Theory AppNIch to Understanding the Accrual Anomaly, Journal of Accounting Research, 2010 (1): 177 – 223.

[82] Xie, H., The Mispricing of Abnormal Accruals, The Accounting Review, 2001 (3): 357 – 373.

[83] Zach, T., Evaluating the "Accrual-Fixation" Hypothesis as an Explanation for the Accrual Anomaly, SSRN eLibrary, 2006.

[84] Zhang, X. F., Accruals, Investment, and the Accrual Anomaly, The Accounting Review, 2007 (5): 1333 – 1363.